AF297282

MÉMOIRE

POUR

Louis FAUCHE BOREL,

CONTRE

Charles PERLET, ANCIEN JOURNALISTE.

Le jour vient révéler le crime de la nuit.

A PARIS,

L. G. MICHAUD, IMPRIMEUR DU ROI,

RUE DES BONS-ENFANTS, N°. 34.

AVRIL 1816.

MÉMOIRE

Pour Louis FAUCHE BOREL;

Contre Charles *PERLET, ancien Journaliste.*

Nos troubles civils apaisés, un homme élève la voix, et va criant :

Onc , je n'ai forfait à l'honneur.

Toujours je suis resté fidèle à mon Roi !

Jamais une obole sortie de l'épargne de l'usurpateur n'a sali mes mains.

Ma misère est le fruit de mon dévouement aux Bourbons.

Accusé d'avoir jeté sous la serre du tyran une victime qu'il s'est immolée, je prends à témoin de mon innocence le Dieu qui lit au fond des cœurs; si je suis coupable, qu'il me punisse!

L'homme qui dit cela, c'est Perlet; et moi, je lui réponds : *mentiris, impudentissime!* tu mens; malheureux, tu mens !

Tu mens à la justice des hommes, à ta propre conscience, à Dieu même : *mentiris.*

L'honneur? Il t'est étranger.

Ta fidélité à ton Roi ? Elle n'a été qu'un tissu de noires combinaisons pour l'amener dans un piége creusé, tendu par toi.

Par toi, *l'épargne* de l'usurpateur et les doubles caisses de sa double police ont été mises à contribution.

Ta misère? Elle est le fruit du vice.

I..

Et quand j'ai ramassé le stylet dont tu as frappé mon neveu, quand je tiens dans ma main, la preuve écrite de la tienne, que tu as touché le prix de son sang, qu'il t'a substanté ; les mains encore fumantes, tu cries au Dieu de vérité : *punis-moi, mon Dieu, si je suis coupable !*

Sois exaucé, Perlet ; c'est aujourd'hui que ton supplice commence : tes écrits sont ton arrêt, leur publicité fera ton infamie.

Te démasquer ne sera pas le moindre de mes services à Louis XVIII ; c'est arracher le dard à la vipère qui, plus d'une fois, s'est dressée dans l'ombre pour le piquer.

Pardon, Messieurs, pardon ; plus on est fort de sa cause, moins on doit être emporté dans son langage : je le sais. Mais si, comme moi, vous aviez à combattre, ou un escroc, ou un traître, ou un voleur, ou un assassin, ou un blasphémateur enfin, croyez-vous que vous fussiez maîtres de vous renfermer dans les bornes de la modération ? et, si au lieu de n'avoir à lutter que contre un de ces misérables, vous les trouviez tous cinq réunis en un seul, comme je les trouve en Perlet, pensez-vous alors qu'il vous fût possible de ne pas éclater ?

Savez-vous que les vingt-cinq années les plus précieuses de ma vie ont été consacrées au Roi de France ? que pour lui j'ai sacrifié mon existence et ma fortune ? abandonné ma patrie, ma femme et mes enfants ? que le sang des miens a coulé pour lui ? que pour lui j'ai porté des fers, vieilli dans les prisons, parcouru l'Europe ? que, chargé de missions périlleuses, vingt fois j'ai été envoyé à la mort, et que vingt fois j'ai affronté l'échafaud ? Touché de tant de persévérance, Louis XVIII m'aimait : il ne m'appelait que son *cher Fauche*, son *cher Louis*. Et voilà que les calomnies d'un Perlet, d'abord sourdement répandues, mais accueillies avec avidité par mes ennemis, et portées par eux aux oreilles du Roi, m'ont fermé le cœur de ce prince, et momentané né ment privé de son estime. Je dis momentanément, parce qu'il me la doit cette estime, qu'il est juste, et qu'il me la rendra.

Vingt-cinq ans les souverains de l'Europe, les princes, les ministres, les ambassadeurs, les généraux m'ont accueilli, protégé, honoré; et il me faudra déchoir aujourd'hui de ce degré de considération, pour me colleter avec un agent subalterne de la police secondaire de Bonaparte; et, à l'aspect de cet homme caverneux, il me sera interdit de pâlir de colère, de me livrer à mon indignation !

Qu'avait-il affaire de m'attaquer? Pourquoi répandre contre moi un imprimé qu'il savait bien ne pouvoir tourner qu'à sa confusion? Serait-ce qu'il est de la nature du crime de provoquer son châtiment, s'il tarde trop à descendre?

Eh bien! je saurai me contenir; et pour mettre plus d'ordre dans cet écrit, je mettrai moins de chaleur dans mes paroles.

Déjà même je suis délivré d'une partie du fardeau qui m'accablait; je croyais avoir deux adversaires à combattre, il ne m'en reste qu'un. Si le premier, par sa perversité, ne m'inspirait que du dégoût et de l'horreur, le second, par son rang, son crédit, m'imposait des ménagements. Long-temps je me suis demandé d'où pouvait provenir contre moi la haine de M. le comte de Blacas, ministre de la maison du Roi; long-temps je me suis demandé à quoi je devais attribuer les humiliations et le traitement qu'il me fit éprouver à Gand: vainement j'en cherchais la cause. Aujourd'hui je suis informé du motif de sa conduite à mon égard: le hasard le plus heureux, le plus extraordinaire, que dis-je, le hasard? la Providence a fait tomber entre mes mains des pièces d'autant plus précieuses, qu'en dévoilant toute l'étendue de la scélératesse de Perlet envers mon neveu, elles prouvent en même temps que c'est par lui que M. de Blacas a été induit en erreur sur mon compte. Comme il ne pouvait venir en l'idée de ce ministre qu'on pût pousser l'audace et l'hypocrisie au point où les porte cet homme, son oreille n'a point été sourde à la calomnie : il a cru, sur la parole de Perlet, sur celle de ses prôneurs intéressés, que *j'avais été vendu à la police de Bonaparte ;* et, suspectant dès lors ma fidélité pour le Roi, il m'interdit tout accès' près de Sa Majesté et me frappa de persécutions en Belgique, au moment où j'y accourais, de la part du Roi de Prusse, pour rendre à Louis XVIII un nouveau et signalé service.

Si j'ai tant souffert par M. de Blacas, ce n'est plus à M. de Blacas que je dois en demander compte. La prévention n'est que trop ordinaire aux personnes élevées en dignités, et l'excès de la sienne contre moi vient sans doute de l'excès de son attachement pour son maître. Si telle en fut la source, la générosité ne peut être étrangère à M. de Blacas; il excusera donc, dans cet écrit, ce qu'il m'est impossible d'en retrancher pour ma justification; et quand il l'aura lu, convaincu trop tard de ma fidélité pour son prince, peut-être aura-t-il quelques regrets du sort rigoureux qu'il m'a fait subir. Je commence.

Arraché par les sollicitations pressantes du Roi de Prusse, mon souverain, des prisons du Temple où je gémissais depuis trois ans par suite de mon attachement pour les Bourbons, et où j'avais eu le bonheur de pouvoir me concerter avec le général Moreau, sur les mesures à prendre pour servir leur cause, je me rendis aussitôt auprès du Roi de Prusse et de son auguste épouse. Bonaparte, en me lâchant à regret, avait fait signifier à la cour de Berlin, par M. le prince de Hardenberg, qu'il me trouvait trop près de lui, à Neuchâtel, ma patrie.

Je travaillais donc, suivant les instructions du général Moreau, à la restauration de la monarchie française, et j'y travaillais ardemment avec M. le comte de Novosiltzof, ambassadeur de Russie à Berlin, lorsque la meilleure, comme la plus belle des reines, me fit avertir que trois commissaires français venaient d'arriver pour faire de nouvelles réclamations contre ma personne, et que je courais les risques d'être enlevé à Berlin même.

Cette nouvelle inquisition de Bonaparte venait de ce qu'aussitôt après ma sortie du Temple, j'avais fait imprimer et répandre à profusion la touchante Déclaration de Louis XVIII aux Français, datée de Calmar en Suède, le 2 décembre 1804; et cette nouvelle persécution me valut, de la part de ce prince, les lettres les plus flatteuses sur l'intérêt qu'il prenait à ma situation.

Je n'eus que le temps de m'échapper de la capitale de la Prusse. Je dirigeai ma course vers l'Angleterre; mais je passai, à dessein, par Lunebourg, où était le quartier-général du Roi de Suède, Gustave IV, avec lequel j'eus l'honneur d'avoir plusieurs conférences. Ce valeureux monarque, animé du desir de sauver l'Europe, eut la bonté d'accueillir mes idées, et desira que les ducs de Berry et d'Orléans vinssent commander dans ses armées; je quittai Lunebourg pour remplir cette mission auprès de S. A. R. *Monsieur* et des deux princes, qui se mirent immédiatement en route; mais l'évacuation du Hanovre rendit inutile cette nouvelle disposition.

Arrivé à Londres dans le courant de janvier 1806, j'y restais comme stupéfié par les nouvelles désastreuses qui arrivaient du continent, lorsque je reçus l'ordre de S. M. Louis XVIII de suivre, sous la surveillance et l'inspection de M. le comte de la Châtre, une correspondance entamée dans l'intérêt des Bourbons, entre un sieur Perlet, résidant à Paris, et mon frère, *François Fauche,* établi à Berlin.

Dans cette correspondance, à laquelle le ministère anglais et Louis XVIII attachaient beaucoup d'importance, Perlet supposait l'existence, à Paris, d'un comité secret, d'un comité royal, composé de grands personnages entièrement dévoués à la maison de Bourbon, et qui n'attendaient pour agir qu'un moment favorable à l'explosion qu'ils méditaient. Dans toutes ses lettres, Perlet donnait des espérances flatteuses, et ne manquait pas de solliciter des sommes considérables pour des dépenses secrètes qu'il disait indispensables.

Perlet inspirait de la confiance, et devait en inspirer. Par suite de la journée de fructidor, il avait été déporté à Sinamari, pour avoir rédigé une feuille périodique dont le Directoire avait eu à se plaindre. Ses opinions paraissant devoir être en opposition avec celles de l'usurpateur qui gouvernait alors, on se livra entièrement à lui.

Cependant, quelque degré de confiance qu'on lui accordât, le vague inséparable d'une correspondance mystérieuse telle que celle qu'il entretenait, son silence sur les noms des grands personnages qui composaient le comité royal, firent prendre au ministère anglais, avant que de faire passer à Perlet tout l'argent qu'il demandait, la résolution d'envoyer à Paris une personne qui pût voir les choses par elle-même, juger de l'importance du comité, connaître ceux qui le composaient, leurs projets, leurs ressources, leurs moyens, et apprécier quels fonds leur devenaient nécessaires. J'eus, à ce sujet, plusieurs conférences avec lord Howich, aujourd'hui lord Grey.

Une chose digne de remarque, c'est que Perlet, pour inspirer plus de confiance et faire croire, autant que possible, à la réalité de son comité royal *qui n'exista jamais*, manifestait lui-même, dans sa correspondance, le désir qu'on lui envoyât une personne affidée, pour qu'elle pût connaissance des choses et des individus.

Mais qui Perlet voulait-il qu'on lui envoyât ? Moi. Avec quelle personne voulait-il uniquement communiquer ? Avec moi. Et pourquoi vouloir ne communiquer qu'avec moi ? Parce que Perlet savait bien qu'à peine échappé du Temple, et aux nouvelles tentatives de Bonaparte pour me ressaisir à Berlin, je me garderais bien de revenir incontinent me replacer, à Paris, sous sa griffe.

Il fallait donc faire un autre choix. Le ministre anglais désigna une personne qui se trouva dans l'impossibilité de remplir la mission qu'il lui confiait : alors Charles-Samuel Vitel , mon neveu, officier au service de sa majesté Britannique , se présenta , et fut agréé. « Vitel , lui dit le ministre , après lui avoir donné ses ins- » tructions, votre mission est aussi périlleuse que délicate. — Mi- » lord, reprit Vitel , *pour une aussi belle cause on meurt avec* » *plaisir.* »

L'infortuné a tenu parole ; il arrive à Paris, s'adressé à Perlet , se confie entièrement à lui ; trois jours après il est arrêté , mis au Temple , puis fusillé.

Le jour même où mon neveu fut arrêté par la police de Bona- parte , Perlet s'empressa de m'écrire pour me faire part de ce malheur, et me manda de lui adresser , en toute hâte, beaucoup d'argent, afin d'arracher Vitel à la prison et au péril qui le me- naçait. Je fis en toute hâte passer de l'argent, et beaucoup d'ar- gent à Perlet, qui le toucha et le garda.

Tel était mon engouement pour cet homme, qu'à qui m'eût dit de m'en méfier , j'aurais répondu : Qu'il était plus difficile de détourner Perlet du chemin de la probité que le soleil de son cours. Cela est si vrai, que j'eus, à Londres, avec MM. de Puisaye et d'Antraigues, une querelle très sérieuse dont le mi- nistère anglais fut obligé de se mêler ; et pourquoi cette que- relle, s'il vous plaît? parce que ces deux messieurs soutenaient que le comité royal n'était qu'une chimère et Perlet qu'un intrigant; et que je soutenais, moi, envers et contre tous, que le comité royal existait réellement, et que Perlet était un honnête homme dans toute la force du terme.

Mon neveu assassiné, Perlet eut l'audace de venir en Angle- terre, envoyé par la police de Bonaparte, et de se présenter au Roi, comme un de ses plus zélés serviteurs. Son projet était de corroborer la foi qu'on avait en son comité royal, d'attirer **Louis XVIII** dans un piége , et d'arracher de l'argent, en raison de la confiance qu'inspiraient ses mensonges. Perlet fut accueilli; moi, surtout, je le pressai sur mon cœur : mais comme les ministres du Roi n'avaient pas de fonds pour le moment, le comte d'Avaray ne remit à Perlet, pour ses frais de voyage, qu'un rouleau de 5o louis. Il s'en plaignit à moi si amèrement, qu'appitoyé sur sa déconvenue, je lui donnai, en présence de son ami, le général Danican, 15o louis qu'il mit dans sa poche. Hélas ! j'ignorais alors que le *croquant* tendait les deux mains et prenait des deux bords.

On se doute bien, d'après cette parcimonie, que quand le sieur Perlet fut de retour en France, la correspondance relative au comité ne fut plus suivie avec la même activité. Toutefois elle ne laissa pas que de se soutenir jusqu'à l'époque où Louis XVIII fit sa première entrée dans la capitale, le 3 mai 1814.

Je précédai le Roi, à Paris, de cinq jours. Mon premier soin fut de chercher Perlet : j'eus d'autant moins de peine à le rencontrer, qu'il se produisait au grand jour comme un des arcsboutants sur qui reposait en France le grand édifice de la restauration. Il m'aborda avec les démonstrations les plus cordiales, et me pressa de prendre mon domicile chez lui. J'acceptai avec plaisir, convaincu que mon hôte me donnerait avec empressement tous les renseignements possibles sur trois points que j'avais à cœur d'éclaircir : l'un, concernant l'assassinat de mon neveu ; l'autre, l'argent adressé par moi, de Londres, à lui Perlet; et le troisième, ce fameux comité royal avec les membres duquel je desirais être mis en rapport, pour en rendre compte au Roi par l'organe de M. le duc d'Havré, qui avait dirigé depuis long-temps notre correspondance à ce sujet, et à qui je me hâtai de présenter le sieur Perlet qui m'en avait prié.

Quant à ce comité, quelles qu'aient été alors mes instances près de Perlet pour qu'il me découvrît les ressorts de cette machine secrète, je ne pus venir à bout de lui faire soulever un

soin du voile mystérieux qui la dérobait à ma vue. En vain lui re-
présentai-je que ceux qui, sous le gouvernement de Bonaparte,
avaient conspiré en faveur de leur souverain légitime , n'avaient
plus rien à redouter de l'usurpateur, que leur cause triomphait,
que c'était pour eux le moment de se faire connaître, de recueillir
le fruit de leurs travaux, de recevoir la récompense de leur fidélité ; la discrétion de Perlet fut inexpugnable : ce n'est pas mon
secret , me répondait-il toûjours, je ne puis les nommer.

Peu satisfait sur ce chapitre , je crus qu'il me donnerait plus
de lumières sur les deux autres.

Questionné par moi sur le dénonciateur , sur l'assassin de mon
neveu , Perlet me répondit que ce dénonciateur , cet assassin ,
c'était Veyrat, l'ancien inspecteur général de la police, sous
Bonaparte.

Questionné sur ce qu'étaient devenus les six cents louis que
j'avais adressés, de Londres , à lui Perlet , pour arracher mon
neveu à la mort, Perlet me répondit que c'était ce scélérat de
Veyrat qui les avait touchés et gardés.

Si je pouvais faire un reproche à Perlet de ne s'expliquer que
par énigmes sur l'existence du comité royal , je n'avais ici que
des actions de grâces à lui rendre pour la manière claire et pré-
cise dont il me signalait et l'assassin et le voleur.

Croyant Perlet sur parole , je le conjurai de me donner une
preuve d'attachement en m'aidant à découvrir au plus tôt l'asile de
ce Veyrat qui se tenait caché, disait-on, et que j'étais déterminé
à poursuivre jusqu'au centre de la terre, s'y fût-il réfugié. Perlet
me le promit ; mais, au lieu de me tenir sa promesse, Perlet,
intéressé à ce que je ne visse pas Veyrat, qu'il chargeait d'un
crime qui n'appartenait qu'à lui, fit si bien par ses dénonciations
réitérées , que le sieur Veyrat eut ordre de s'éloigner de la capitale, et qu'il partit pour Genève.

J'avais d'autant plus de propension à croire aux inculpations dirigées par Perlet contre Veyrat, que Perlet, qui sentait venir l'orage de loin, de loin aussi avait pris ses mesures pour le conjurer.

En effet, j'ai dit que j'avais précédé de cinq jours l'arrivée de Louis XVIII à Paris, et que j'étais allé loger chez Perlet. Malgré qu'il lui fût loisible de m'entretenir à volonté, puisque le même toit nous couvrait, il lui prit une fantaisie épistolaire à laquelle je dus une lettre énorme, en date du 2 mai 1814, veille de l'entrée du Roi.

Dans cette lettre, où il me prodigue le titre de son *loyal ami*, de son *digne ami*, de son *ami le plus dévoué*, Perlet, après avoir fait l'énumération de tous les services par lui rendus à la famille des Bourbons, protesté de sa haine implacable contre le tyran, s'exprime en ces termes : « Cet excellent Roi (Louis XVIII) va » paraître demain dans sa capitale, c'est le plus beau moment de » ma vie. J'ai déjà eu le plaisir de serrer dans mes bras mon loyal » ami, (c'est moi) avec lequel j'ai pendant neuf ans coo- » péré à ce grand œuvre, et ces beaux moments sont empoisonnés » par les plus noires calomnies. J'ai été jacobin, j'ai servi le tyran, » *j'ai coopéré à la perte de votre neveu*, et voilà le prix réservé » à mon *grand* courage, et à ma constante fidélité pour mon Roi? » et je ne succombe pas à de pareilles horreurs » ?

Mais, M. Perlet, le Roi n'était point encore entré dans Paris; il n'y arrivait que le lendemain; le mystère d'iniquité n'était point encore percé; les crimes secrets de la police de Bonaparte n'é- taient point encore mis au jour: dans cette profonde ignorance, qui donc pouvait déjà vous accuser *d'avoir coopéré à la perte de mon neveu?* Personne assurément, et vous voyez bien que cette disculpation anticipée, décèle la précaution maladroite du cri- minel qui court au-devant de l'accusation. Poursuivons :

« Nous avons eu trop de confiance dans l'infâme Veyrat; c'est

» ce monstre que *j'ai gorgé d'or*, c'est cet être exécrable qui *a*
» *perdu votre neveu.* Je vous dirai plus tard tout ce que j'ai souf-
» fert des persécutions de cet homme infâme; aujourd'hui je suis
» anéanti, le courage me manque. Je n'ai cessé, pendant cinq
» ans, de le signaler à M. Pasquier, comme un homme dange-
» reux qu'il fallait renvoyer; mais il le craignait, et n'a pas voulu
» le faire. »

J'ai déjà dit que, quant à l'assassinat de mon neveu et au vol de
mon argent, il ne m'était pas venu en l'idée d'en accuser Perlet;
mais quand sa trop grande précaution, sa précipitation à se justifier d'une accusation que personne ne lui faisait encore, auraient
éveillé en moi quelques soupçons sur son compte, comment ces
soupçons n'eussent-ils pas été dissipés à l'instant par cette invo-
cation contenue dans cette lettre?

« *Seigneur Dieu! qui lisez au fond des cœurs, vous connais-*
» *sez le mien, j'atteste devant vous que j'ai toujours resté fidèle*
» *à mon Roi légitime, et que je suis bien éloigné d'être coupable*
» *des crimes qu'on ose m'imputer! Punissez-moi, grand Dieu,*
» *si je ne dis pas la vérité!* »

Mes instances près de Perlet, pour m'aider à découvrir l'assassin de mon neveu, étaient d'autant plus vives, que je m'éloignais
momentanément de Paris pour accompagner, d'après l'invitation honorable de M. le prince de Hardenberg, les souverains
alliés qui se rendaient à Londres.

Mon séjour en Angleterre, ou plutôt mon absence de Paris, fut
d'un mois environ; mais, à peine de retour dans cette dernière capitale, où j'étais revenu en même temps que le Roi de Prusse, ce
Souverain se disposa à partir pour la Suisse. Empressé de saisir
une circonstance aussi heureuse, et qui me fournissait en quelque
sorte l'occasion de reparaître, sous les auspices de mon Roi, dans
un pays dont les persécutions et le voisinage de Bonaparte m'a-

vaient tenu exilé pendant près de vingt ans , je suivis le Roi de Prusse à Neuchâtel , ma patrie.

A peine étais-je en Suisse, que je reçus une lettre de M. le duc d'Aumont, premier gentilhomme de la chambre du Roi, adressée à mon domicile à Paris , par laquelle ce seigneur m'annonçait que j'eusse à me trouver aux Tuileries , le 11 juillet, à onze heures et demie , pour une audience particulière que S. M. avait la bonté de m'accorder.

Malheureusement pour moi j'avais quitté Paris vingt-quatre heures trop tôt. Je ne pus profiter de cette faveur , qui peut-être m'eût épargné bien des peines, et à mes ennemis bien des injustices. Quoi qu'il en soit, mon séjour momentané en Suisse pouvait ne pas être inutile à Louis XVIII, dont les intérêts ne me sortaient pas de la pensée ; j'y eus des conférences avec les principales autorités de Berne et de Lausanne qui me chargèrent d'une mission secrète près de ses ministres.

Pressé d'ailleurs de revenir en France pour solliciter la faveur d'une seconde audience , puisque je n'avais pas été assez heureux pour profiter de la première , je fus de retour à Paris , dans le courant de septembre 1814.

Peu de jours après mon arrivée, ayant été voir M. le comte de Moustier, qui, chargé des affaires de Louis XVIII, à Berlin, avait surveillé la correspondance de mon frère avec Perlet, relativement au comité royal , M. de Moustier m'apprit que Perlet se plaignait de moi amèrement , qu'il m'accusait de ne rien faire pour lui , tandis que c'était à sa correspondance avec moi qu'il devait la perte de sa fortune.

Je ne soupçonnais point comment ma correspondance avec lui avait pu le ruiner; mais saisissant la balle au bond , je lui fis demander une explication en présence de témoins, espérant bien, puisqu'il attribuait sa ruine au comité royal, que je parviendrais cette fois à palper ce corps invisible, et à savoir comment, pour le substanter , Perlet s'était amaigri ; conférence donc chez le juge de paix Véron, où Perlet se rendit assisté de M. Danican, et moi, du général Desnoyers , mon ancien camarade d'infortune au Temple.

Parlez, lui dis-je, M. Perlet, parlez enfin ; dites-nous quelles dépenses exorbitantes ma correspondance vous a occasionnées, quels personnages composaient votre comité royal ; vainement vous voulez les enterrer dans votre mémoire : il est de la bonté, je dirai de la justice du Roi de les en exhumer au plus tôt. A cette interpellation la langue de Perlet s'épaissit, il n'articule que quelques mots insignifiants ; mais tout à coup ramassant ses forces comme pour gagner un port de salut qu'il avise dans le naufrage : « Je ne veux pas vous dire ces noms-là, à vous; la » prudence me le défend; mais je les nommerai à M. le duc » d'Havré ». Et voilà mon homme qui se sauve; moi aussi je me sauvai, mais ce fut chez M. le duc d'Havré , pour le prier d'indiquer jour afin de recevoir les révélations de Perlet. Le jour est fixé par M. le duc ; Perlet accepte, arrive au rendez-vous, et ce jour-là, pas plus que les précédents , il ne peut indiquer les noms des membres du comité royal , ni l'emploi qu'il voulait faire des sommes exorbitantes par lui demandées à l'Angleterre.

A partir de cette conférence Perlet vit bien que , démasqué sur un point, il ne tarderait pas à l'être sur les autres. Il dressa ses batteries en conséquence. La calomnie fut celle de ses armes qui parut, dans les circonstances , devoir lui offrir le plus d'avantage.

Veyrat, qu'il couvrait du sang versé par lui , était, grâce à ses soins, hors de France; mais Veyrat pouvait reparaître, je rejoindrais Veyrat : Veyrat ne pouvait manquer de repousser le crime sur le criminel, Perlet était dévoilé : je courais me jeter aux pieds du Roi, j'en étais aimé, j'en obtenais justice : le monstre était atteint.

Que fait-il, l'assassin de mon neveu, pour parer à ce coup dont il est infailliblement menacé ? Il se dit : fermons à Fauche les accès du trône ; il a de puissants ennemis à la cour ; disons, affirmons qu'il a été un correspondant de Fouché, un espion vendu à la police de Bonaparte, pour trahir la cause des souverains. Répétons, écrivons, signons cela. Si les ennemis de Fauche ne le croient pas, ils chercheront du moins à le faire croire au Roi ; le Roi prévenu, indigné peut-être, Fauche ne peut plus rien sur ce prince ; Fauche m'accuserait en vain du meurtre de son neveu, plus le crime serait inouï, moins l'accusateur serait cru ; tout ce qui émane d'un traître est suspect.

Voilà d'où partent ces nombreux écrits de Perlet, qui m'ont été remis récemment. Voilà dans quelles intentions ils ont été composés ; voilà où l'on a puisé contre moi les motifs de l'affront cruel que l'on va me faire subir à Gand.

Tel était cependant mon aveuglement sur cet homme, qu'encore bien qu'au sortir de la conférence chez M. le duc d'Havré, je visse clairement que le comité royal n'était qu'une fourberie de Perlet, il ne put me venir en l'idée que ce fourbe était mon voleur, et moins encore l'assassin de mon neveu.

En attendant que je pusse déterrer et rejoindre Veyrat, que Perlet me disait bien être hors de Paris, mais dont il me taisait et dont j'ignorais encore la résidence à Genève ; en attendant que je pusse de nouveau obtenir l'audience particulière que je sollicitais de S. M., je ne voulus pas perdre mon temps à Paris ; et, puisque Veyrat avait touché les six cents louis que j'avais fait passer de Londres à Perlet, je crus devoir me mettre en quête pour tâcher d'obtenir, des bureaux de la police, une somme dont la restitution était d'autant plus juste, que l'infortuné que cet argent devait arracher à la mort, l'avait subie pour la cause des Bourbons.

Il est à observer qu'outre cette première somme de six cents louis, j'en avais à réclamer une autre de 4174 francs, dont mon neveu était crédité pour ses besoins, sur la maison Hottinguer et compagnie, lors de son malheureux voyage à Paris. Dix jours après son arrestation, la police l'avait touchée. J'avais aussi demandé à Perlet s'il savait l'emploi que la police avait fait de cet argent; il m'avait répondu qu'il l'ignorait, et cependant le misérable savait bien qu'il l'avait palpé comme il avait fait les six cents louis.

Ce fut au directeur général de la police, au comte Beugnot lui-même, que je m'adressai dans la matinée du 12 novembre 1814, pour réclamer ces deux sommes. Il me donna audience sur-le-champ, m'accueillit favorablement et me combla d'eloges sur mes principes et mes constants efforts pour le triomphe de la bonne cause.

A peine lui eus-je témoigné le desir de connaître l'emploi qui avait été fait de l'argent que j'avais adressé à Perlet; à peine lui eus - je exhibé la quittance de M. Armand, caissier de la préfecture de police, qui avait touché la somme chez M. Hottinguer, que M. Beugnot s'écria avec chaleur qu'il fallait que cet argent me fût rendu à la minute. Il fit appeler à cet effet MM. Morin et Lagarde. Ce dernier lui fit observer qu'il serait nécessaire que la demande en revendication fût faite et signée par M. Hottinguer lui-même : sur quoi, m'étant chargé de communiquer la proposition à ce banquier, M. Beugnot m'ajourna au samedi suivant.

Je fus exact au rendez-vous, comme on pense bien. Arrivé chez ce ministre, je trouvai, dans une première pièce, le comte Jules de Polignac : dès qu'il m'aperçut, il vint à moi, et, m'embrassant avec la plus cordiale effusion : « mon cher Fauche, me

» dit-il : *que je suis aise de vous revoir! Depuis notre séjour au*
» *Temple, je ne vous ai plus revu. Nous avons été bien mal-*
» *heureux d'avoir affaire à ce monstre de Perlet* ».

A ces mots je sentis mon visage, qui s'était épanoui aux doux
embrassements de M. de Polignac, se contracter d'une manière
affreuse ; il poursuivit ainsi :

« C'est lui, nous en sommes assurés, c'est lui qui a fait fusiller
» *votre brave neveu*, que nous avons tant regretté ».

Je n'eus pas la force de répondre à M. de Polignac : je m'élance
dans le cabinet du ministre. M. Beugnot a oublié comme moi que
notre conférence avait pour unique objet une restitution d'argent
et s'écrie dès qu'il me voit : *Je suis fâché, mon cher M. Fauche,*
de vous apprendre aujourd'hui que vous avez eu affaire au plus
scélérat des hommes , au sieur Perlet , qui a vendu votre mal-
heureux neveu, et QUI VOUS A FAIT PAYER SON CRIME.

En même temps, tirant d'un dossier plusieurs lettres, que je reconnus aussitôt pour être de la main de Perlet, M. Beugnot m'en
lut trois adresssées par Perlet au préfet de police Dubois, qui dé-
voilaient toute la trame ourdie pour enlacer mon neveu et le
conduire à la boucherie.

M. Beugnot promit de ne point m'abandonner, de poursuivre
cette affaire chaudement ; mais il eut l'extrême complaisance de
me dire que, dans une pareille découverte, il ne pouvait rien faire
sans prendre les ordres du Roi, d'autant plus, ajouta-t-il, *que ce*
Perlet est tous les jours aux Tuileries, où il a su se faire des
prôneurs et des amis.

M. Beugnot me tint parole ; car, comme on le verra tout à
l'heure, il ordonna, sur mon affaire, un prompt rapport, qui eut
lieu, mais dont je ne fus informe que long-temps après.

Cependant M. Beugnot, qui n'occupait que momentanément la
direction-générale de la police, pour passer ensuite au ministère
de la marine, fut remplacé dans ce premier poste par M. Daudré,

qui, croyant sans doute que l'autorité n'avait rien à redouter de la présence de l'inspecteur Veyrat, mit un terme à son exil, et le fit revenir à Paris.

Informé de son arrivée, et les préventions que Perlet m'avait suggérées contre cet homme étant de beaucoup diminuées, je fus le trouver, rue des Bons-Enfants, à l'hôtel d'Hollande, où il venait de débarquer. Ayant décliné mon nom, ma visite le surprit. Je lui fis observer que je ne venais point pour récriminer, mais pour avoir des renseignements positifs sur la perte de mon neveu, dont Perlet l'accusait d'être l'auteur, et pour avoir aussi des renseignements sur l'argent que j'avais fait passer de Londres à Perlet, et dont ce dernier l'accusait de s'être emparé. En même temps, je fis voir au sieur Veyrat la lettre en date du 2 mai, que Perlet m'avait écrite, dans laquelle ces inculpations étaient précisées, et où il le traitait de monstre et de scélérat.

En voyant cette lettre, Veyrat ne se répandit point en invectives contre Perlet; il me dit froidement que d'après son contenu, il était évident pour lui que c'était Perlet qui l'avait fait sortir de France. Il me pria de lui laisser le temps de déficeler ses malles, de revenir dans une demi-heure, et qu'il me mettrait sous les yeux des lettres, des écrits, des reçus, tous de la main de Perlet, signés de Perlet, qui me prouveraient que Perlet avait seul livré mon neveu et touché mon argent.

Au bout d'une demi-heure, je me présentai de nouveau chez le sieur Veyrat, qui, comme il me l'avait promis, me mit sous les yeux les preuves de l'infamie de Perlet.

J'entendis Veyrat s'applaudir de la précaution qu'il avait eue de soustraire et de conserver par devers lui les écrits qu'il venait de me montrer, attendu que, connaissant toute la noirceur de Perlet, il s'était méfié de quelque perfidie de sa part, lorsque le baron Pasquier, préfet de police, avait exigé de lui (Veyrat) qu'il lui remît toutes les pièces qui concernaient les *missions, correspon-*

dances et affaires secrètes dont Perlet avait été chargé durant
le règne de Bonaparte.

Quelques détails que je vinsse à bout de me procurer sur un événement dont mon cœur saignait encore, je n'étais pas moins desireux d'en acquérir de nouveaux. Qui pouvait mieux me les fournir que le chef de la police secrète de Bonaparte? Je fus donc trouver M. Desmarets dans une campagne qu'il habitait près de Senlis. Dans cette visite, j'étais accompagné de M. Gilles, mon ami.

M. Desmarets m'aborda en me priant d'oublier tout ce qu'il avait pu faire contre moi par suite de la place qu'il avait occupée. Je lui répondis que, loin d'avoir des reproches à lui faire, je croyais lui avoir des obligations, et que peut-être lui avais-je dû la vie, à l'époque où Bonaparte me tenait renfermé au Temple. Si j'ai fait quelque chose pour vous, me dit M. Desmarets en me montrant son épouse, ce n'est pas à moi qu'en appartient le mérite, c'est à cette femme que vous voyez. Comme vous, elle est de Neuchâtel ; et, lors de votre détention, vingt fois elle s'est jetée à mes genoux pour me conjurer, si cela était en mon pouvoir, d'épargner le sang d'un de ses compatriotes.

Nous entrâmes en conversation sur le sujet qui m'amenait. Rien de plus intéressant pour moi que les choses qui me furent révélées par M. Desmarets. Il me confirma tout ce qui m'avait été dit par Veyrat sur Perlet, puis il ajouta : *Ma place m'a mis à même de voir bien des scélérats ; mais jamais je n'ai connu un monstre de la trempe de ce Perlet.*

« Il est inouï, continua M. Desmarets, il est inouï l'argent qu'il
» a tiré des deux polices, celle du préfet et celle du ministre :
» quand on ne lui en fournissait pas à son gré, il menaçait de
» s'adresser directement à Bonaparte pour s'en procurer.

» Toutes les lettres qu'il recevait des divers agents de
» Louis XVIII étaient scrupuleusement communiquées à Bona-

» parte, qui les faisait repasser ensuite à sa police, pour insinuer
» à Perlet les réponses qu'il avait à faire.

» Lorsqu'il fut décidé que Vitel, votre neveu, serait mis à mort,
» on agita, dans un comité secret, si, avant de le fusiller, on ne
» se servirait pas de sa main pour vous écrire à vous-même, et
» vous faire mander par lui que votre présence était indispen-
» sable à Paris, pour la réussite d'une conspiration contre Bo-
» naparte. Votre mort, si vous eussiez donné dans le piége, était
» certaine. Mais le duc d'Otrante, alors ministre de la police,
» ayant fait observer *que c'était bien assez d'une victime dans*
» *une famille*, le projet resta sans exécution. »

M. Desmarets, quand je le quittai, me donna le conseil d'aller
voir l'ancien préfet de police, M. le comte Dubois, qui pouvait
me procurer de grandes lumières sur les œuvres de Perlet, *qui,*
comme pourvoyeur de la police, lui avait fourni plus d'une vic-
time, avant et après l'assassinat de mon neveu.

Avant que de parler de mon entrevue avec M. Dubois, si toutefois la chose devient nécessaire, je dirai que M. le comte Beugnot,
qui m'avait promis assistance, n'avait pas perdu de temps à me
servir.

Je ne sais si c'est lui, qui, dès le 16 du même mois de novembre, fit un rapport au Roi; mais, quoique ce rapport ne soit pas
signé, il est indubitable qu'il existe, puisque l'original est dans
mes mains, puisque c'est en marge de cet original qu'il est écrit :
Renvoyé à une commission composée des sieurs d'Outremont,
Demalcors et Corvetto, et présidée par M. le chancelier. Le
16 novembre 1814. *Signé* Louis.

Or, que porte ce rapport, sur lequel se trouvent la nomination
de la commission et la signature du Roi ? Le voici :

« Sire,

» Au mois de février, lord Howich, ministre des affaires étran-

» gères en Angleterre, envoya en France un jeune officier au
» service de la compagnie des Indes anglaises, nommé Vitel, neveu
» des frères Fauche, dans le dessein d'y reconnaître l'état des es-
» prits, et de s'entendre *avec le comité royaliste* de Paris, sur le
» genre de secours dont il avait besoin, et que l'Angleterre offrait
» de fournir.

» Ce jeune officier, arrivant à Paris, avait été adressé à un
» sieur Perlet, imprimeur, ancien rédacteur d'un journal, qui,
» déporté en fructidor de l'an 5, et rentré depuis en France, sem-
» blait resté sous les étendards secrets de la royauté, et avait
» même une correspondance avec les ministres de Votre Ma-
» jesté.

» Le sieur Perlet s'empare de la confiance exclusive, et, pour
» ainsi dire, *de toute la personne de Vitel ;* et, dès leur première
» entrevue, Perlet *vend* le malheureux jeune homme, et sa mis-
» sion, et ses propositions, au préfet de police, Dubois.

» La correspondance de Perlet et de Vitel offre ce que la con-
» fiance a de plus touchant d'un côté, *ce que la perfidie a de
» plus scélérat de l'autre ;* surtout lorsqu'on voit que le malheu-
» reux jeune homme ne faisait pas une démarche, ne disait pas
» un mot qui ne fût rapporté au préfet Dubois. Enfin, lorsqu'on
» eut tiré de Vitel tout ce dont il était chargé, le préfet Dubois
» *demanda sa personne à Perlet, qui la livra.*

» En même temps Perlet prévenait les frères Fauche du mal-
» heur arrivé à leur neveu, promettant son intervention, et de-
» mandait six cents louis, prix auquel on pouvait acheter sa li-
» berté. Les frères Fauche envoyèrent cette somme, et dès que
» Perlet en fut nanti, l'infortuné Vitel fut fusillé.

» Lors de son arrestation, on avait saisi sur lui un effet de
» 4174 francs, sur MM. Hottinguer et compagnie. Cet effet fut
» touché par le préfet de police, qui en gratifia le sieur
» Perlet, etc. »

(*Voir* le rapport entier, pièces justificatives, N°. I.)

Pour faire ordonner par le Roi un nouveau rapport sur Perlet, est-ce que celui-ci n'était pas assez clair, assez concluant?

Hélas ! il ne l'était que trop.

Sans doute on insinua à Sa Majesté que, par ce rapport, Perlet avait été jugé sans être entendu ; qu'il pouvait être coupable, qu'il l'était sans doute, mais qu'il était de l'équité du Roi de ne point prononcer sans que les deux parties eussent été ouïes ; que Perlet avait souffert pour la cause de la royauté ; que, si criminel qu'il fût, il ne laissait pas que d'avoir à révéler sur Fauche des choses de la plus haute importance ; et que, pour juger de la fidélité de ce dernier, on ne devait pas négliger d'entendre Perlet. Alors une commission fut proposée pour examiner de nouveau cette affaire, à fond, et Sa Majesté en désigna les membres en marge du rapport qui venait de lui être fait par la direction générale de la police.

Le Roi avait à peine nommé des commissaires, que M. le comte Beugnot eut l'obligeance de m'informer par écrit que cette affaire était sortie de ses mains ; qu'il venait d'être nommé, pour en faire l'examen, une commission présidée par M. le chancelier.

Après avoir laissé passer un laps de temps convenable, je me présentai à diverses reprises chez M. le rapporteur, pour le supplier de faire son travail, et de vouloir bien le mettre, le plus tôt possible, sous les yeux de Sa Majesté. Mais ce magistrat m'ayant répondu chaque fois qu'il ne pouvait s'occuper de ce rapport, si on ne lui adressait les pièces nécessaires, je pris la détermination, puisqu'on m'empêchait d'obtenir une audience particulière du Roi, d'aller me placer sur son passage, et de l'aborder.

Je rédige un Mémoire à Sa Majesté, où je la supplie de donner des ordres à la commission de hâter son rapport. Muni de cette pièce, je me rends à la chapelle des Tuileries le 22 décembre

1814, jour auquel le Roi tenait sur les fonts de baptême, avec madame la duchesse d'Angoulême, l'enfant du marquis de la Rochejaquelein. Au moment de la cérémonie, Sa Majesté m'avise dans la chapelle, et me fait des signes de bienveillance. Afin de pouvoir lui parler, je précède son retour dans la salle des Maréchaux, où je suis placé sur son passage par les soins de M. le chevalier de Rivière. Le Roi vient ; le Roi, quoiqu'éloigné, m'aperçoit de nouveau ; sa figure semble respirer encore plus de bonté qu'à l'ordinaire : *Voilà Fauche*, dit-il à M. de Blacas, qui était à ses côtés ; et, sans détourner les yeux de dessus moi, *Voilà Fauche ! voilà Fauche !* Le Roi approche, je m'incline, je le remercie de ce qu'il a nommé une commission, mais je le conjure d'en hâter le travail, et lui présente mon Mémoire que je le supplie de vouloir bien lire *lui-même.* Le Roi prend mon Mémoire, le garde, et m'adresse ces paroles : *Oui, Louis, oui, mon cher Louis, je le lirai moi-même.*

Je ne me suis appesanti sur cette particularité que pour faire connaître la bienveillance de Louis XVIII pour moi ; que pour faire voir que du fond de son cœur, où mes longs services restent en dépôt, il a toujours désiré que justice me fût rendue.

Les paroles que Sa Majesté venait de m'adresser ne furent pas totalement perdues pour ma cause. Des pièces parvinrent à mon rapporteur, et notamment nombre de Mémoires émanés du sieur Perlet et clandestinement distribués par lui, furent réunis et joints aux pièces sur lesquelles on avait à prononcer.

Ce à quoi ne s'attendaient pas les personnes qui cherchaient à me perdre, c'est à l'intervention subite du sieur Veyrat, qui, sachant par moi que Perlet se déchargeait sur lui de ses vols et de son assassinat, présenta aussitôt à M. le chancelier, président de la commission, un Mémoire justificatif, appuyé des écrits de Perlet, qui constataient le crime de ce dernier.

Ces pièces et ce Mémoire, adressés à M. le chancelier, le 2 jan-

vier 1815, étaient si concluants, que rien n'empêchait que le rapport n'eût lieu : cependant deux mois et demi s'écoulèrent sans
qu'il fût fait, et la fatale journée du 20 mars 1815 arriva.

A cette époque de désastreuse mémoire, les ministres et les
conseillers du Roi eurent autre chose à faire que de s'occuper de
moi.

La descente de Bonaparte à Cannes agitait diversement les
esprits. Informé de particularités secrètes dont le Roi pouvait
tirer avantage, je me fis ouvrir les grilles du château dans la
nuit du 15 au 16 mars. Je parlai à M. le comte de Blacas ;
mes avis ne lui parurent d'aucune importance. Prévoyant
qu'on allait avoir les marches du trône à défendre, je lui offris de
venir à cet effet avec bon nombre de Suisses, mes compatriotes,
qui ne demandaient qu'à combattre pour la cause du Roi. Ce dévouement ne paraissant pas non plus nécessaire, cette offre fut
encore rejetée.

Tous les ministres ne partageaient pas cette sécurité : celui de
Prusse, M. le comte de Goltz surtout, prévoyait des malheurs.
Le lendemain 16 mars, il m'engagea à partir pour Vienne, me
chargeant de ses dépêches et de celles des autres ministres étran-
gers pour le congrès. Outre ces dépêches, je fus chargé d'instructions verbales et confidentielles.

Je fis diligence, et le 23 du même mois, j'arrivai à Vienne, où
il n'était bruit que de la tentative que l'on avait faite, peu de jours
avant, d'enlever l'Archiduchesse Marie-Louise et son fils, pour
les conduire à Napoléon. Pressé de remplir ma mission, j'allai
aussitôt chez M. le prince de Hardenberg, à qui je remis mes dépêches, et racontai tout ce que j'avais vu et su à Paris. Il m'envoya sur-le-champ chez le duc de Wellington et chez M. le prince
de Talleyrand. L'un et l'autre m'accueillirent, mais surtout le dernier : j'étais pour lui un *Dieu donné*, ce fut son expression ; car,

4

dans des circonstances aussi critiques, il y avait onze jours qu'on était à Vienne sans nouvelles officielles de Paris.

Dans le peu de temps que je restai à Vienne, je mis tous mes soins à connaître les intentions que manifestaient les membres du congrès à la nouvelle de la rentrée de Bonaparte dans la capitale. Je ne fus pas long-temps sans m'apercevoir qu'un parti inclinait pour la régence en faveur du roi de Rome.

Mon chagrin fut extrême en voyant quelle tournure prenait l'opinion, et quelles en seraient les suites pour peu qu'elle s'accréditât : je me mis donc à combattre cette erreur de tous mes moyens et partout où je me trouvai. Je fis plus, j'écrivis au prince de Hardenberg pour lui donner l'assurance que la saine partie de la nation française était entièrement dévouée au Roi et à sa dynastie, et que cette partie de la nation était plus considérable qu'on ne l'imaginait ; que les citoyens étaient comprimés par la crainte qu'inspirait le militaire ; que l'armée seule était pour Bonaparte, parce que les officiers devaient regretter un régime qui leur était si avantageux, qu'il n'y avait de dignités, d'honneur, de prérogatives, de gloire et d'argent que pour eux. Je lui marquai que tout ce qui serait mis à la place du Roi légitime, ne serait autre que le triomphe éphémère d'un parti qui entraînerait des guerres interminables. .Enfin j'ajoutai que l'établissement d'une régence en faveur du roi de Rome deviendrait par la suite dangereuse pour les souverains de l'Europe, et particulièrement pour la Prusse, qui, dès lors, ne pourrait plus espérer de tranquillité. C'est aussi dans ce sens que je parlai à Son Altesse Impériale l'archiduc Charles, dans les deux conférences qu'il me fit l'honneur de m'accorder, et où il eut la bonté de m'engager à m'expliquer avec toute la franchise possible.

Enfin, le dirai-je ? j'eus bientôt la satisfaction inexprimable de voir que l'esprit du congrès prenait une toute autre direction. Certes, la présomption serait grande de croire que dans une discussion de cette importance, moi chétif, j'eusse pu influer sur la détermination des puissances ; mais qui ne sait que dans les affaires politiques d'où dépend le sort des nations, comme dans les plus petites choses, un grain suffit pour faire pencher la balance (1).

Quel qu'ait été au surplus, dans cette circonstance, le succès ou la nullité de mes efforts, je ne tardai pas à être chargé d'une mission analogue à mes vœux.

Sa Majesté le Roi de Prusse avait connu par son ministre les diverses conférences que j'avais eues dans l'intérêt de la monarchie française, et avait été frappé de mes réflexions. Tout en réglant sa conduite d'après une politique sage et conforme aux vrais intérêts de toutes les puissances, Sa majesté prit la résolution d'écrire au Roi de France pour lui donner les assurances les plus positives de sa coopération à détruire l'hydre qui menaçait de nouveau l'Europe, et je reçus l'ordre de porter sa lettre à ce monarque, en quelque lieu qu'il se fût réfugié.

Je partis de Vienne le 13 avril, me dirigeant sur la Belgique où l'on supposait que Louis XVIII s'était rendu, sans que l'on sût encore le lieu où il avait établi sa résidence. Indépendamment de cette lettre autographe dont j'étais porteur, j'avais reçu quelques instructions confidentielles, qui ne pouvaient être transmises au Roi que dans un entretien particulier avec Sa Majesté.

---

(1) Voici, à ce sujet, une lettre que me fit l'honneur de m'écrire M. Alexis de Noailles, à cette époque ambassadeur de France à Vienne.

« Monsieur, je n'oublierai jamais l'impression que vous avez faite à Vienne, par ce » que vous y avez rapporté du Roi, de la France et des Français, aux mois de mars et » d'avril de cette année. Je ne crois pas que vous ayez méconnu les sentiments de la lé- » gation française à votre égard à cette époque. Tout ce que j'ai appris depuis lors n'a » fait que me confirmer dans l'attachement que vous m'avez inspiré. »

Signé ALEXIS DE NOAILLES.

5 décembre 1815.

4

Le 22 du même mois, j'atteins à Gand la cour de Louis XVIII ;
je me présente chez M. le duc d'Havré, je l'informe du sujet de
mon voyage, et le prie de m'obtenir une audience particulière de
Sa Majesté : M. le duc me conseille de m'adresser au ministre de
la maison du Roi, M. le comte de Blacas.

Le fiel qui, au souvenir de l'injustice de M. de Blacas, a aigri mon
cœur, ne passera point dans ma plume. M. de Blacas ayant été
induit en erreur, comme j'en ai acquis la preuve, et comme je
l'ai dit plus haut, j'ai oublié ce que j'ai souffert. Mais si M. de
Blacas conserve quelque prévention contre moi, je me réfugierai
dans l'équité du Roi, et je lui demanderai qu'il me protège contre
son ministre, comme déjà il l'a fait à Calais. Je ne sais si Sa Majesté s'en souvient, mais moi je ne m'en rappelle qu'avec attendrissement. Voici à quelle occasion :

La Providence ramenait Louis XVIII sur le trône de ses pères :
déjà il quittait le séjour d'Hartwel, et pour s'acheminer vers la
France, arrivait à Londres, à l'hôtel de Crillon où il descendit.
La foule était immense ; il me distingua et me tendit les mains : je
les baisai avec transport et vénération. Ce jour fut le plus beau de
ma vie : *Mon cher Louis*, me dit Sa Majesté, *je suis bien aise de
vous voir, nous nous reverrons.* Je suivis le Roi. Comme à
Douvres Sa Majesté desira que le ministre lord Sydmouth, qui
avait un yacht particulier, fît la traversée sur son propre vaisseau,
M. Becket, secrétaire d'état, qui accompagnait le ministre, me
proposa de prendre place dans le yacht de sa Seigneurie. J'y trouvai
une nouvelle jouissance qui enivra mon cœur, celle de voir le spec-
tacle imposant de cet heureux vaisseau qui portait à la France son
Roi légitime. Débarqué à Calais, le premier soin du Roi fut d'aller
rendre grâce à Dieu dans la principale église de cette ville : il en
sortait ; on le conduisait à l'hôtel préparé pour le recevoir, lorsque,
descendant de carrosse, son épée s'engagea dans sa décoration de
l'ordre de la Jarretière ; plus Sa Majesté faisait d'efforts pour la

dégager, plus elle s'embarrassait. N'écoutant que mon zèle, je me précipite aux pieds du Roi pour le délivrer de cette importunité. *Que faites-vous, Fauche?* me dit M. de Blacas, avec vivacité. *Soyez tranquille*, lui dit le Roi, qui s'aperçut de mon embarras, *c'est Fauche qui me rend un nouveau service.* Je reprends ma narration.

M. le duc d'Havré m'ayant fait observer que pour obtenir une audience du Roi il fallait que je m'adressasse à M. de Blacas, je me présentai chez ce ministre. Il était incommodé et gardait le lit. Après lui avoir dit quelques mots de civilités sur son indisposition, j'ajoutai que je le regardais comme guéri par les bonnes nouvelles que j'apportais de Vienne. Jusqu'alors on était encore à Gand dans l'incertitude sur les suites de la déclaration faite au congrès, le 13 du même mois. Voilà, Monsieur le comte, m'écriai-je avec transport, voilà une lettre du Roi de Prusse au Roi de France, portant l'assurance incontestable que les Souverains, réunis à Vienne, ont pris la résolution de ne poser les armes qu'après avoir replacé Louis XVIII sur son trône.

Laissez-là vos dépêches ; je me charge de les remettre au Roi, me répondit sèchement M. de Blacas : j'insistai en disant qu'il existait des particularités dont je devais et pouvais seul informer Sa Majesté. *Je vous ai dit que je remettrai votre dépêche à Sa Majesté*, répliqua M. le comte. Il n'y avait plus moyen de rester ; je m'éloignai.

Rentré à l'hôtel garni où j'avais pris un logement, je m'y occupais de la rédaction d'un rapport à monseigneur le comte d'Artois, lorsque je vis entrer le directeur de la police de Gand, qui m'intima l'ordre de sortir de cette ville et de retourner à Bruxelles.

Le lendemain, 23 avril, à la pointe du jour, je courus chez M. le duc de Duras, le comte de Jaucourt, ministre des affaires étrangères, et le vicomte de Chateaubriand, membre du conseil de Sa Majesté, pour les informer de ce qui m'arrivait. Tous avaient peine à me croire ; et ces messieurs cependant cherchaient à adoucir mes chagrins autant qu'il était en leur pouvoir. La dépêche que vous avez apportée, me dit M. de Duras, a été remise à Sa Majesté : pendant le diner on s'est entretenu avec satisfaction des espérances qu'on en concevait. L'un des convives fit remarquer que cette lettre si consolante avait été apportée par Fauche Borel; sur quoi plusieurs firent observer, avec un contentement mêlé de quelque reconnaissance, que M. Fauche n'apportait jamais que de bonnes nouvelles. M. de Duras ajouta qu'il ne doutait point que le Roi ne me fît appeler dans la journée, pour avoir de plus amples détails sur ce que j'avais vu et entendu à Vienne.

M. de Jaucourt fit plus : ne pouvant se persuader que le coup partait de M. de Blacas, il me dit, en parlant de M. le baron d'Eksteins, directeur de la police de Gand : « cet homme est un » fou, qui nous a déjà fait des scènes fâcheuses. » Et en même temps il me remit, pour le susdit baron, un mot d'écrit ainsi conçu : *M. Fauche Borel nous a apporté des lettres du roi de Prusse, adressées à Sa Majesté Louis XVIII, et m'a remis, à moi-même, des dépêches du prince de Talleyrand. M. Fauche nous est parfaitement connu, et il n'y a pas d'empêchement à ce qu'il reste à Gand le temps nécessaire pour y finir ses affaires.*

Gand, le 25 avril 1815. Signé, le comte de Jaucourt, ministre des affaires étrangères.

Muni d'un pareil écrit, je crus qu'il me serait possible de rester; mais M. d'Eksteins me signifia que, si je ne lui montrais une autorisation expresse, *de la main de M. de Blacas,* il fallait que je partisse à l'instant. Comme la chose était impossible, il m'ordonne en furieux de quitter Gand à la minute; je résiste, il va chercher la gendarmerie, je suis gardé à vue; une voiture de police est amenée à ma porte, on m'y place de force, sans vouloir me laisser le temps de régler mes comptes avec le maître de l'hôtel ; et flanqué de quatre hommes armés que l'on met à ma solde, me voilà dépêché sur Bruxelles, où nous arrivâmes le vingt-huit à dix heures du matin.

Conduit devant M. de Malheise, directeur général de la police de cette ville, ce magistrat, déjà bien informé du rôle qu'il devait jouer, me dit avec un air d'aménité, dont il m'est impossible de rendre toute la perfidie : que n'ayant pas le temps d'examiner à l'instant mes papiers, il allait me confier à la garde d'une personne qu'il chargeait de m'accompagner. Cette honnête personne, chargée de m'accompagner, me conduisit dans une prison infecte, où je restai huit jours, confondu avec des malfaiteurs et d'autres prévenus.

J'avoue qu'en entrant dans ce cachot, il m'échappa un cri de douleur. Va donc, malheureux Fauche ! va donc encore porter une lettre si rassurante du roi de Prusse à Louis XVIII, et surtout remets-la à son ministre !

Le prétexte de mon arrestation à Bruxelles était la visite de mes papiers ; M. de Malheise eut l'extrême bonté de me dire, avec tout le patelinage dont il est susceptible, qu'il n'y avait trouvé que des choses qui m'honoraient infiniment par la persévérance de mon dévouement à la cause du roi de France ; mais M. de Malheise ajouta qu'il fallait qu'il fît un rapport sur ces papiers.

Ce rappport serait encore à faire, et moi dans le cloaque où l'on m'avait jeté, si M. de Brockhause, ministre de Sa Majesté prussienne, près le roi des Pays-Bas, et auquel j'avais trouvé le secret de faire passer un mot d'écrit, ne m'eût réclamé d'autorité au nom de son Souverain, et ne m'eût fait mettre en liberté.

Le dirai-je ? j'étais dévoré de chagrins ; mais, ô inconcevable versatilité du cœur humain ! toutes mes peines disparurent à l'ac-

cueil que je reçus de monseigneur le prince de Condé, qu'à
ma sortie de prison je trouvai logé à Bruxelles, à l'hôtel de
Belle-Vue. Ce vénérable prince, qui était instruit de ce qui venait de se passer, m'ouvrant les bras, eut la bonté de me dire,
en m'embrassant : « Je suis fâché, mon cher Fauche, de tout
» ce qui vous est arrivé ; nous y avons pris, Conty et moi, beau-
» coup de part. Je venais d'ordonner qu'on fît des démarches
» pour votre élargissement. Si mon estime pour vous pouvait
» augmenter, ce serait le cas. Vous êtes victime d'intrigues,
» mais nous le sommes tous. *Gardez bien les papiers que vous*
» *avez de moi, ils vous serviront un jour.* »

Oui, cher et respectable prince, moi et mes enfants con-
serverons précieusement à jamais les écrits émanés de Votre
Altesse, et l'un de nos titres d'honneur, sera cette déclaration
précieuse que je tiens de votre main.

Déclaration de S. A. S. Monseigneur le Prince de Condé.

Nous Louis - Joseph de Bourbon, prince de Condé, prince
du sang, pair et grand-maître de France, gouverneur et lieute-
nant général pour le Roi, en ses provinces de Bourgogne et de
Bresse, colonel de l'infanterie française ;

Déclarons que M. Louis Fauche Borel, de Neuchâtel, en
Suisse, où il faisait valoir une imprimerie considérable, n'a point
hésité à quitter sa patrie, sa famille et son état pour servir le
Roi dans des missions difficiles ; et que, dans la négociation
avec le général Pichegru, où nous l'avons particulièrement employé, sa vie s'est trouvée souvent dans le danger le plus immi-
nent ; que pénétré des sacrifices qu'il faisait, et du dévouement
sans bornes auquel il se livrait pour le service de Sa Majesté,
j'ai cru devoir lui promettre, au nom du Roi, pour récompense
de ses efforts et de son zèle, la direction de l'imprimerie royale,
et la décoration de St.-Michel, lorsque la France, éclairée sur

ses véritables intérêts , serait rentrée sous l'obéissance de son légitime Souverain. C'est avec plaisir que nous lui donnons aujourd'hui le témoignage de la satisfaction que nous avons éprouvée de ses services, et nous le recommandons en conséquence de nouveau aux bontés du Roi, qui a eu occasion de connaître aussi le zèle et le dévouement courageux de M. Fauche Borel, pour la cause à laquelle il s'était dévoué.

Donné au palais Bourbon , à Paris, le 3 juin 1814.

Signé, LOUIS-JOSEPH DE BOURBON.

Je ne fus pas plutôt sorti des mains de la police de Bruxelles, qui jugea à propos de garder une partie de mes papiers, et particulièrement le chiffre qui me servait à correspondre avec M. le prince de Hardenberg , que je me mis en route, muni d'un passe-port de l'ambassadeur de Prusse, la police ne m'ayant donné que quarante-huit heures pour sortir du royaume des Pays-Bas.

Je fus de retour à Vienne , le 7 mai 1815, c'est-à-dire, vingt-quatre jours après ma sortie de cette ville, pour aller remplir cette cruelle mission.

J'y trouvai M. le prince de Hardenberg empressé de savoir de moi-même tout ce que j'avais éprouvé de funeste en Belgique ; je lui en fis le récit, et aussitôt il en informa Sa Majesté le roi de Prusse.

Sur ces entrefaites, ce monarque reçut la réponse de S. M. Louis XVIII, à la lettre que j'avais été chargé de lui porter à Gand.

Il y était question de moi, mais en quels termes, grand Dieu !

Après le corps de la lettre, dans laquelle le Roi de France remerciait le Roi de Prusse, de l'assurance heureuse qu'il venait de lui faire parvenir, il se trouvait un *post-scriptum* uniquement composé contre moi, et par lequel on fait dire au Roi que j'ai trahi ses intérêts, ceux de la Prusse , de l'Angleterre, et que j'ai été aux gages de la police de Bonaparte.

Ce coup, au lieu de m'écraser, ne fit qu'ajouter à mon courage ; voici comme je raisonnai.

Les Rois ne s'écrivent point par *post-scriptum ;* l'étiquette ne le comporte pas.

En supposant que cette fois Louis XVIII eût dérogé aux convenances, il est de fait que le post-scriptum n'est pas de sa main.

Qui donc a pu l'apposer ? ceux qui t'ont repoussé à Gand, appréhendé au corps, embastillé.

Ceux-là, craignant que le Roi de Prusse ne demandât raison du traitement exercé envers son sujet, son envoyé, ont pris les devants et t'ont accusé de trahison pour légitimer leur conduite.

Aussitôt j'écris au Roi de Prusse.

« Sire,

» Je suis couvert de vos bontés et je vous dois la vie. Si j'ai
» trahi vos intérêts, ceux du Roi de France, de l'Angleterre ; si
» j'ai été aux gages de Napoléon, je suis le plus lâche des scélérats :
» faites justice d'un misérable. Vous le devez, il le faut. Mais,
» si je suis atrocement calomnié, Sire, justice aussi. »

Ma lettre était du 20 mai ; le 29 du même mois, M. le prince de Hardenberg m'adressa la réponse suivante :

Monsieur,

Je n'ai pas cessé de rendre justice au zèle que, depuis nombre d'années, vous avez montré pour le service du Roi, et pour la bonne cause à laquelle vous avez sacrifié, plus d'une fois, vos intérêts les plus chers. Je ne puis donc regarder que comme une erreur, ou *comme la suite d'une intrigue*, le traitement que vous avez éprouvé dans les Pays-Bas, et j'ai donné des ordres aux ministres de Sa Majesté, près des Cours de Gand et de Bruxelles, *pour demander une réparation publique du tort qu'on vous a fait.*

Je vous renouvelle l'assurance de ma considération distinguée.

Signé, le Prince DE HARDENBERG.

Vienne, le 29 mai 1815.

(35)

Si l'on rapproche la date de cette lettre, qui est du 29 mai, de celle du 8 juillet de la même année, époque où Louis XVIII remonta sur le trône, à l'aide des armées de toutes les puissances de l'Europe, on verra que les événements aussi terribles que gigantesques qui se passèrent dans ce court espace de cinq semaines, purent seuls affranchir mes ennemis de Gand et de Bruxelles, de la pénible situation où ils étaient de justifier aux yeux du Roi de Prusse leur conduite à mon égard.

Dès que le Roi de France fut rentré dans Paris, je me hâtai d'y revenir. Là étaient les bureaux de la police de Bonaparte; là se trouvaient tous les documents; là on était à la source de tous les renseignements qu'il était possible de se procurer sur mon compte. Je fus trouver sur-le-champ le ministre du Roi de Prusse, et le priai de donner suite aux démarches que Sa Majesté avait ordonné que l'on fît pour connaître et juger ma conduite.

Me sera-t-il permis de faire ici une réflexion? C'est quand tous les Rois ligués, suivis de leurs ministres, escortés des grands de leurs royaumes, sont dans Paris, prononçant sur le sort de la France, sur celui des puissances secondaires et sur le leur peut-être; c'est de la hauteur de ces discussions qu'un monarque veut bien descendre jusqu'à s'occuper des intérêts personnels d'un simple sujet. Oui, telle est l'inaltérable et précieuse sollicitude du Gouvernement prussien, que toujours, et dans quelque circonstance que ce soit, il a l'œil sur ses enfants, et fait éclairer leur conduite pour les arracher à l'oppression, s'ils sont innocents; les punir, s'ils sont coupables.

Sur ma simple invitation, M. le prince de Hardenberg, au lieu d'écrire lui-même, s'empressa, pour se conformer aux usages diplomatiques, de faire écrire par S. Exc. M. le comte de Goltz, ministre de Prusse à M. le prince de Talleyrand, ministre des affaires étrangères de France, pour avoir, sur mon compte, les

5.,

renseignements antérieurement demandés au nom de S. M. le Roi de Prusse.

Le prince de Talleyrand s'étant à cet effet adressé au duc d'Otrante, ministre de la police, en reçut la note suivante :

Note transmise par le Ministre de la police, à M. de Talleyrand.

« Après une détention prolongée à Paris, M. Fauche Borel,
» devenu libre, n'en montra que plus d'activité à parcourir suc-
» cessivement les diverses cours de l'Europe, et à faire valoir les
» projets qui l'ont constamment occupé. *Bonaparte n'a pas*
» *eu d'ennemi plus opiniâtre.* Il n'y a pas encore trois mois, que
» sa main a été distinctement reconnue dans la transcription de
» chansons et de pamphlets adressés à domicile par la poste.

» *Invariable dans ses opinions,* il ne pouvait l'être dans ses
» moyens. Tous n'ont pas été également bien concertés. Dans ces
» entreprises aventureuses, le succès seul justifie, et il n'est pas
» étonnant que M. Fauche Borel se soit tour à tour trompé ou ait
» été trompé. C'est ainsi qu'en mars 1814, il a pris sur lui, avec
» beaucoup trop d'assurance, de s'opposer au dessein qu'avait
» S. A. R. Monseigneur le duc de Berry, de passer de Jersey en
» Normandie; c'est ainsi encore qu'il a encouru le reproche de
» s'être adressé à la police de Bonaparte. *Il est vrai qu'il lui a*
» *fait des offres ; mais ces offres* ÉTAIENT VISIBLEMENT CAPTIEU-
» SES. En juin 1813, il lui fit passer des papiers assez insigni-
» fiants, qui avaient appartenu au général Pichegru; mais on
» croit que, par-là, il voulait se ménager des ressources pour
» agir avec moins de risques conformément à ses vues. *La police*
» *d'alors aurait eu seule à se plaindre de sa bonne foi.* »

Je le répète, on était à la source ; c'est le ministre de la police qui écrit lui-même. Ai-je trahi le Roi de Prusse? le Roi de France? l'Angleterre? Suis-je un espion aux gages de l'usurpateur? Lisez, vous qui m'accusez; lisez : Bonaparte n'a pas eu d'ennemi plus opiniatre que Fauche Borel. Cela est-il clair? Lisez encore : *Si M. Fauche a encouru le reproche de s'être adressé à la police de Bonaparte, s'il lui a fait des offres,* ces offres étaient visiblement captieuses. La police d'alors aurait eu seule a se plaindre de sa bonne foi,.... Fauche a été invariable dans ses opinions.

Est-ce là ce que vous appelez trahir les intérêts de Louis XVIII? Quant à ceux de la Prusse, demandez à Frédéric-Guillaume. Sa constante protection , son extrême bonté pour moi , la lettre touchante dont il vient de m'honorer au moment où je tiens la plume, me sont de sûrs garants qu'il connaît ma fidélité , comme il connaît vos injustices à mon égard.

Interrogez aussi l'Angleterre sur ma félonie envers elle? Je pourrais vous confondre par cent attestations ; je me contenterai d'en citer deux qui me furent remises lorsqu'en 1814 M. le prince de Hardenberg m'engagea à l'accompagner à Londres, pendant le séjour qu'y feraient les souverains alliés.

Déclaration de lord Grenville, Ministre des affaires étrangères, en date de Camelfort-House, le 30 juin 1814.

« Ce n'est qu'à mon retour du parlement, qu'on vient de me
» remettre , Monsieur, la lettre et les papiers dont vous m'avez
» parlé ce matin , et que je m'empresse de vous envoyer pour que
» vous puissiez les recevoir avant votre départ.

» Tout ce que j'ai eu occasion de connaître de votre conduite
» et de votre caractère , dans les temps difficiles et épineux que
» nous avons parcourus, m'a toujours paru porter l'empreinte de la
» plus grande probité et d'un parfait et loyal dévouement pour la
» belle cause que vous avez servie avec une persévérance si dis-
» tinguée, et pour laquelle vous avez tant souffert.

» Il me serait fort agréable de croire que ce témoignage d'une
» très sincère estime pourrait vous être de quelque utilité.
» J'ai l'honneur d'être dans ces sentiments,

» Monsieur,

» Votre très humble et très obéissant serviteur,

» *Signé* GRENVILLE. »

*Déclaration de sir Charles Williams Flint, Secrétaire d'état,
chargé des affaires d'Irlande, en date de Londres, le
25 juin 1814.*

« Je soussigné certifie que dans les relations officielles, ainsi que
» particulières, que j'ai été dans le cas d'avoir avec M. Fauche Borel,
» depuis 1795 jusqu'à ce jour, j'ai constamment eu occasion de
» remarquer dans sa conduite un zèle et un dévouement pour la
» bonne cause, qui n'ont jamais varié, que dans les différentes mis-
» sions importantes et difficiles qui lui ont été confiées par les dif-
» férents ministres de S. M. B., et notamment dans celles avec les
» généraux Pichegru et Moreau, il s'en est acquitté d'une manière
» à mériter leur estime particulière et leur confiance; et qu'il a fait
» des sacrifices pécuniaires qui le rendent digne de la protection
» des personnages qui pourront être dans le cas de prendre connais-
» sance de ses services signalés, n'ayant point hésité à quitter sa
» famille et ses affaires, qu'il a été forcé, par circonstances, d'aban-
» donner depuis longues années, pour se livrer entièrement à la
» cause sacrée des Rois dont il a été un des appuis les plus utiles et
» les plus constants.

» Signé Ch. Williams FLINT. »

Mais quittons un moment mes persécuteurs pour nous occuper
d'une espèce d'inculpation qui semble dirigée contre moi par la
note du ministre de la police ; non que cette inculpation, comme
on l'a vu, ait trait à une infidélité de ma part, mais à un excès

de zèle mal entendu pour la cause des Bourbons. Il y est dit *qu'en mars 1814, j'ai pris sur moi, avec beaucoup trop d'assurance, de m'opposer au dessein qu'avait alors son altesse royale monseigneur le duc de Berry, de passer de Jersey en Normandie.*

Dès la fin de l'année 1813, quelques intrigants de Paris avaient amené les plus zélés partisans du Roi à regarder comme possible, et dans l'intérêt des princes, le débarquement de M. le duc de Berry sur les côtes de France, où, disait-on, il serait accueilli par 40,000 hommes bien armés, mais qui ne voulaient éclater que quand ils auraient un prince français à leur tête.

En 1814, ces bruits semblèrent acquérir plus de consistance.

Autorisé par le Roi, par M le duc d'Havré et par le ministre anglais, je me rendis à Jersey et à Guernesey, pour y établir des communications avec les côtes de France.

A peine arrivé d'Angleterre à Guerseney, je fis prendre les renseignements nécessaires pour m'assurer de la réalité des 40,000 hommes qu'on disait attendre le prince en Normandie. Le résultat de mes informations fut que non-seulement ils n'y étaient pas, mais que le bruit de cet armement supposé ne pouvait être qu'un piége tendu au prince. M. le duc de Bouillon, qui était commandant à Jersey, n'avait pas de renseignements plus rassurants, et nous conclûmes ensemble que l'entreprise de S. A. R. monseigneur le duc de Berry ne pouvait être qu'infiniment hasardeuse pour lui. J'en informai, d'une part, Sa Majesté par une lettre à M. le duc d'Havré, et de l'autre, le ministre anglais, par l'entremise de M. Cook, sous-secretaire d'état aux affaires étrangères. La réponse que celui-ci me fit mérite d'être pesée :

« Nous partageons bien, me dit-il, vos craintes sur le départ de M. le duc de Berry ; nous nous y sommes refusés long-temps, mais les princes croient que nous ne voulons pas les aider, et ils nous accusent de les empêcher de profiter des moyens qu'on leur présente de se rendre en France. S'ils y sont victimes, comme cela a eu lieu à Quiberon, on nous fera le reproche de les avoir sacrifiés. »

M. le duc de Bouillon avait aussi fait connaître au gouvernement anglais qu'il était assuré qu'il n'existait pas un coin de la côte qui ne fût observé par la police de France, et que M. le duc de Berry courait les plus grands risques s'il tentait de débarquer.

M. le duc d'Havré, dans ses réponses des 17 février et 2 mars 1814, me dit que mes notes relatives aux craintes qu'il avait déjà conçues sur le départ de M. le duc de Berry, avaient été mises sous les yeux du Roi, et que Sa Majesté y avait vu une nouvelle preuve de mon zèle et de mon dévouement aux intérêts de sa maison ; qu'en effet, il serait imprudent de confier une tête aussi chère à un faible noyau de royalistes.

Telle fut la manière flatteuse dont S. M. Louis XVIII se prononça sur mon compte à cette occasion. J'ai quelquefois réfléchi à cette pusillanimité de ma part, que me reproche la police de Bonaparte, à cet excès de zèle mal placé, qui me fit tout mettre en œuvre pour empêcher un prince français de débarquer à cette époque sur les côtes de Normandie ; et j'ai eu la présomption de croire, les grands événements tenant à de petites choses, que ce pouvait bien être à cette pusillanimité, à ce zèle mal entendu, que M. le duc de Berry devait de ne pas avoir subi le même sort que M. le duc d'Enghien. Je me trompe peut-être, mais voici du moins ce que me dit à ce sujet le sieur Desmarets, lors de mon entrevue avec lui :

« Vous avez, M. Fauche, rendu un service signalé à la famille
» des Bourbons, et particulièrement à M. le duc de Berry. C'était
» une folie de croire qu'il y eût, à cette époque, sur les côtes
» de Normandie, un rassemblement de royalistes assez fort pour
» protéger et soutenir la descente du prince. La police était ins-
» truite, à point nommé, de tous vos mouvements : elle savait

» jusqu'au nom du capitaine qui était chargé de prendre Mgr. le
» duc de Berry à son bord ; et nul doute que, si la tentative eût
» eu lieu, il n'eût été offert en holocauste à Bonaparte. » — Au
surplus, s'il est vrai que ma conduite fut une faute dans de telles
circonstances, c'est une faute dont mon cœur s'applaudit encore
tous les jours. Cet épisode fini, je reviens à mon sujet.

La note du ministre de la police que j'ai transcrite plus haut fut
envoyée à M. le comte de Goltz, ministre de Prusse, par M. le
prince de Talleyrand, qui ne pouvait se dispenser de l'accompagner d'une lettre ministérielle, en réponse aux éclaircissements
demandés avec tant de persévérance par Sa Majesté le Roi de
Prusse.

La position de M. de Talleyrand était difficile. Il avait à conci-
lier ce qu'il devait de justice à un sujet du Roi de Prusse, sur le
compte duquel il était interpellé, avec ce qu'il devait à la dignité
de son propre souverain, qu'il eût été inconvenant de compromettre
en ne palliant point les torts de son ministre à Gand. Ce ne peut
donc être que dans la vue d'atteindre ce double but, qu'il fit la
réponse toute diplomatique que l'on va lire :

Lettre du prince de Talleyrand à M. le comte de Goltz.

Paris, 5 août 1815.

Monsieur le comte,

J'ai reçu la nouvelle lettre que vous m'avez fait l'honneur de
m'adresser, relativement à M. Fauche Borel, et je me suis fait
donner les renseignements que le département de la police générale
avait pu recueillir sur lui.

Il résulte de ces renseignements que M. Fauche Borel *s'est habituellement montré dévoué à la cause du Roi*, qu'il a même
souffert pour cette cause, puisqu'il a été détenu plusieurs années
au Temple, par suite des démarches qu'il avait faites pour la dé-

6

fendre. Toutefois (et vous pourrez, monsieur le comte, en juger par l'extrait ci-joint des notes qui m'ont été transmises), *sa conduite a pu paraître équivoque* en plusieurs circonstances. Quoique la police n'en ait pas tiré contre lui une induction complètement défavorable, comme les points sur lesquels ont dû porter les soupçons intéressaient vivement les affections, aussi bien que le service du Roi, il était naturel qu'il restât dans l'esprit de Sa Majesté des doutes à son égard ; ils ont pu prendre de la consistance par des motifs que je ne puis juger, puisque, ainsi que j'ai eu l'honneur de vous le rappeler, je ne me trouvais point auprès du Roi à Gand. Ce sont probablement ces doutes qui ont donné lieu aux mesures prises envers M. Fauche Borel.

Il est certainement à regretter que le ministère de Sa Majesté ait omis, monsieur le comte, de vous prévenir de ces mesures et du motif qui les déterminait ; mais le gouvernement de Sa Majesté Prussienne comprendra facilement, sans doute, que, dans les circonstances, et au milieu des agitations qui ont accompagné le séjour du Roi à Gand , la marche des affaires ait pu perdre quelque chose de sa régularité ; et que le ministère n'ait point mis, dans ses communications avec la légation prussienne, le soin que, dans une situation plus tranquille, il est et sera toujours empressé d'y apporter.

J'ai l'honneur d'être, monsieur le comte, etc. etc.

Signé le Prince de TALLEYRAND.

Fauche s'est montré habituellement dévoué au Roi ; voilà la part que me devait le diplomate : mais *sa conduite a pu paraître équivoque* ; voilà la part qu'il devait au ministre de son souverain, à son souverain lui-même, qui ne doit point errer même dans la personne de son ministre.

Je n'ai pas le mot à répliquer : cette conduite est dans l'ordre ;

il n'est pas d'usage qu'un Roi ait tort vis-à-vis d'un Roi son égal , et moins encore qu'un sujet puisse lutter contre un monarque.

Si, en pareil cas, il est dans les convenances que le faible soit immolé à la justification du puissant, j'ai ici des grâces à rendre à M. de Talleyrand, et je le dis avec sincérité. Oui, si M. de Talleyrand, pour excuser entièrement la conduite du ministre du Roi à Gand, avait voulu laisser planer des soupçons sur mon compte, rien ne lui était plus facile ; il n'avait qu'à se contenter d'adresser au ministre de Prusse sa lettre officielle que je viens de transcrire : au lieu de cela, il joint à cette lettre la note du ministre de la police ; et cette note où M. de Talleyrand a uniquement puisé ses renseignements sur moi, comme il le déclare, porte que je n'ai pu pécher contre la cause des Rois *que par excès de zèle*; et que *Bonaparte n'a pas eu d'ennemi plus opiniâtre ; que j'ai été invariable dans mes opinions.*

C'est dire en propres termes au ministre de Prusse : je ne puis, par la réponse officielle que je vous transmets, donner tort au ministre de mon souverain ; mais à cette réponse je joins une note irrécusable de la police qui, en proclamant l'innocence de Fauche, dépose contre l'injustice du traitement qu'on lui a fait éprouver.

Trop délicat sur les nuances pour en exiger davantage du ministre du Roi de France, et sentant tout ce que comportait de pénible la conduite de M. de Talleyrand en pareil cas, M. le prince de Hardenberg, en me faisant passer et la lettre de M. de Talleyrand et *la note de la police*, m'adressa le billet suivant.

Lettre de Son Altesse le prince de Hardenberg à M. Fauche Borel.

Paris, 26 août 1815.

Monsieur ,

Je vous transmets la copie d'une lettre que M. de Talleyrand vient d'adresser à M. le comte de Goltz, en réponse à celle que

6.

ce ministre lui avait écrite, relativement à votre arrestation. Vous verrez, Monsieur, *que la cour de France rend parfaite justice à la loyauté de vos sentiments*, et que ce n'est qu'à *un malentendu* que vous devez attribuer les désagréments que vous avez éprouvés.

Recevez, monsieur, à cette occasion, l'assurance de ma parfaite considération.

Signé le prince de HARDENBERG.

Si, comme me le marquait M. le prince de Hardenberg, *la cour de France rendait parfaite justice à la loyauté de mes sentiments;* si mon souverain et son ministre devaient être, diplomatiquement parlant, satisfaits d'une explication qui attribuait à *un malentendu les désagréments que j'avais éprouvés*, je ne devais pas l'être beaucoup, moi, de voir qu'une avanie, qui avait été aussi publique, allait être assoupie dans le secret du cabinet; et, réfléchissant que M. le prince de Hardenberg mettait à ma disposition, non-seulement une lettre aussi positive que celle qu'il me faisait l'honneur de m'adresser, mais encore la lettre officielle du ministre Talleyrand, et la note si essentielle du ministre de la police générale, je pensai que son intention n'était pas de m'imposer silence sur cette affaire, dans le cas où je croirais de mon honneur de le rompre.

En conséquence, six semaines après l'envoi de ces lettres, je fis imprimer et paraître en octobre 1815, un *Précis historique des différentes missions dans lesquelles j'avais été employé pour la cause de la monarchie*, et je l'accompagnai de toutes les pièces justificatives qui avaient rapport à ces diverses négociations.

L'impression de l'ouvrage était à peine achevée, que la police crut devoir saisir l'édition. Je me transportai chez Son Excellence le ministre Decaze pour connaître les motifs de cette main mise. Il

(45)

me fit l'honneur de me dire que *l'ordre émanait d'en haut.* Je le
crois, mais je doute que le Roi ait lu ce mémoire justificatif que
j'adressai néanmoins à Sa Majesté, aux princes, aux ministres, aux
grands de la cour, pour que Louis XVIII en eût connaissance.
Comme je n'ignorais pas qu'on chercherait à écarter cette brochure
de sa vue, je fus jusqu'à prier M. le duc de Richelieu de vouloir bien
la mettre sous les yeux de Sa Majesté. Ce ministre eut la bonté
de me répondre : « Que, se considérant en quelque sorte comme
» étranger à tout ce qui s'était fait en France depuis qu'il l'avait
» quittée, il était plus convenable que ma justification fût pré-
» sentée au Roi, ou par M. le duc de Duras, ou par M. le duc
» d'Havré, qui, n'ayant pas quitté Sa Majesté, avaient aussi été les
» témoins de mon dévouement. M. de Richelieu ajouta : qu'il était
» étrangement surpris que j'eusse à me plaindre ; que pendant
» plus de vingt années il n'avait cessé d'entendre, de toutes
» parts , et de lire dans les papiers publics l'éloge de ma conduite
» et de mon attachement bien actif pour le Roi ; que je devais ,
» en bon serviteur, prendre patience ; que je partageais , avec
» les meilleurs sujets de Sa Majesté, ce que la calomnie , et trop
» souvent la jalousie inventaient pour les desservir , mais que
» le temps , d'accord avec les honnêtes gens, me rendraient la
» justice qui m'était due. »

Cependant, je ne dois pas dissimuler qu'il me fut observé par
des personnes respectables, que mon ouvrage pourrait déplaire au
Roi, parce qu'en publiant que les persécutions de son ministre
étaient le seul fruit que j'eusse recueilli de mes longs travaux pour
la cause des Bourbons, je faisais planer sur le meilleur des Rois
le soupçon de l'ingratitude.

Ah ! si tel eût été l'effet produit par mon livre, j'en détesterais
la publicité. Non, non, je ne croirai jamais que mes services
puissent être mis en oubli par Sa Majesté : connaissant son cœur
comme je le connais, je suis convaincu, au contraire, qu'elle

n'attend que ma justification pour me rendre, sur ma persévérance, une justice que je mets au-dessus des plus brillantes récompenses. Les nuages élevés par mes ennemis se dissiperont ainsi que leur influence. Quel Roi n'est trompé? Qui l'a plus été que Louis XVIII? Serais-je digne d'avoir souffert pour lui pendant vingt années de ma vie, si, au bout de ces vingt années, je désertais sa cause, si je me permettais le moindre reproche? Et pourquoi? Parce que ce prince ne m'a point associé à sa gloire, ne m'a point placé sur son char le jour même de son triomphe. Assez d'autres, sans moi, l'obsèdent; assez d'intérêts se le disputent, pour que, dans cette foule et cette confusion, il ait un moment perdu de vue Fauche Borel. Que s'il ne desire pas la justification de ce serviteur fidèle, si ses yeux doivent encore rester quelque temps sans me chercher, je retourne sur les lieux d'où je suis parti il y a vingt ans, pour venir mettre à ses pieds mon repos, ma fortune et mon sang; là, sans regret du passé, le cœur brisé par l'injustice, mais consolé par mes souvenirs, mes regards se tourneront encore vers la France, et mon dernier vœu sera pour le bonheur de son Roi.

Toutefois, il m'est encore doux de penser que si Louis XVIII m'a lu, son opinion, à la lecture de mon ouvrage, n'a point été celle qu'on me fait appréhender; ce qui me confirme dans cette sécurité, c'est que si, dans cette brochure, j'eusse pu m'écarter en rien du profond respect que l'on doit à une tête couronnée, Sa Majesté le Roi de Prusse ne m'eût point, au sujet de ce même écrit, honoré de la lettre qu'il vient de m'adresser.

Berlin, le 15 décembre 1815.

« J'ai reçu votre mémoire justificatif, et je ne doute pas que le » public n'y trouve des preuves évidentes de la loyauté de votre » conduite. Je n'en ai jamais douté, connaissant le dévouement » que vous avez toujours montré pour la bonne cause et pour ma » personne en particulier.

» Signé, FRÉDÉRIC GUILLAUME. »

Je pouvais réclamer, près de M. Decazes , contre la confiscation de mon ouvrage, je m'en abstins ; je pouvais facilement en faire une nouvelle édition dans mon imprimerie de Neuchâtel, la pensée ne m'en vint pas : parce que, s'il était vrai que l'ordre de sa suppression émanât *d'en haut*, je voulais donner au Roi une nouvelle preuve de mon respectueux dévouement à ses moindres volontés.

Mais réduit au silence et ne pouvant plus aborder Sa Majesté , comment lui dessiller les yeux ? Je ne voyais plus qu'un moyen, celui de solliciter que le rapport, ordonné par elle avant son départ pour Gand , fût continué. Je commençais mes démarches à cet effet, lorsqu'une circonstance étrange vint les suspendre.

Le rapporteur de la commission nommée par le Roi, et qui n'avait pu faire son travail avant le départ de Sa Majesté , ne pouvait plus le continuer à sa rentrée , attendu que depuis lors il était en Angleterre par suite d'une mission particulière : mais ce magistrat respectable, qui avait entre les mains les pièces d'où dépendait mon honneur , avait eu la précaution délicate de ne pas s'en dessaisir. L'ouvrage que je venais de publier et dont une partie des exemplaires était échappée à la police , lui tombe entre les mains à Londres ; il voit que je suis réduit à repousser publiquement les calomnies ténébreuses d'un lâche assassin ; il prend la résolution généreuse de me fournir les moyens de le confondre ; c'est de ne remettre qu'à moi les preuves de la perfidie de Perlet envers le Roi, et de son meurtre sur la personne de mon neveu. En effet, me trouvant à l'Opéra, dans le courant de décembre dernier, j'y suis accosté par un militaire décoré, qui m'annonce qu'il a des papiers à me remettre de la part de M. son père, et m'invite à passer chez lui le lendemain pour les retirer. Je m'y présente, il me les donne ; et voilà, comme aujourd'hui , je me trouve possesseur de pièces si intéressantes pour moi.

Peut-être qu'après en avoir fait le dépôt chez un notaire, pour qu'on ne pût ni les nier, ni me les soustraire, je me serais contenté de poursuivre en silence la décision de cette affaire devant une autre commission que j'aurais supplié le Roi de m'accorder ; lorsqu'une nouvelle impudence de Perlet, je veux parler de la brochure qu'il vient de publier contre moi, m'a fait changer de résolution. Puisque le mensonge est public, le démenti doit l'être également.

Il serait aussi long que fastidieux de rapporter ici ce que dit Perlet dans quatre mémoires manuscrits, en date des 27 juin et 11 décembre 1814, 10 et 18 janvier 1815, qui se sont trouvés dans les pièces qui m'ont été remises, et de rapporter aussi ce que renferme l'imprimé qu'il vient de faire paraître (1).

Comme cet imprimé et ces quatre mémoires renferment, à peu de choses près, la même apologie en faveur de leur auteur, et les mêmes inculpations contre moi, il suffira d'en faire une seule et courte analyse.

A quoi se réduit ce que Perlet avance dans ces cinq pièces ? à ceci.

« J'ai été, dit-il, depuis le principe de la révolution, inébranlable dans mon dévouement pour le Roi. »

« C'est pour le Roi que je me suis ruiné, en faisant d'énormes dépenses pour le comité royal, et en gorgeant, sans cesse d'or et d'argent, le cupide et insatiable Veyrat. »

» Pour connaître les membres influants, les ressources et les besoins du comité royal, le ministre d'Angleterre m'adressa, à Paris, le neveu de Fauche Borel, et ce dernier a la criminelle audace de

---

(1) Cette brochure a pour titre : *Exposé de la conduite de Perlet, et Réfutation des calomnies de Fauche Borel.* Elle se vend à Paris, chez Foucaut, libraire, rue des Noyers, n°. 57.

dire que j'ai reçu, trahi, livré son neveu à la police de Buonaparte. Le ciel que j'atteste est témoin de mon innocence. »

J'ai répondu et je réponds à Perlet :

Vous avez trahi le Roi de la manière la plus lâche.

Vous étiez un des limiers les plus actifs de la police de Bonaparte.

Vous éventiez dans Paris les serviteurs les plus fidèles de Louis
XVIII; vous vous insinuiez près d'eux, leur arrachiez leurs secrets,
et leurs secrets et eux, vous les livriez à Bonaparte.

Votre correspondance avec Louis XVIII et ses agents était par
vous soumise à la police de Bonaparte, qui vous dictait vos lettres
et vos réponses.

Veyrat n'a pas été gorgé d'or par vous : c'est vous qui tous les
jours demandiez de l'argent à Veyrat, qui en receviez de Veyrat,
qui en receviez de la police de Dubois, et de la police de Fouché.

Le comité royal, pour lequel vous dites vous être ruiné, n'a jamais existé. C'est une invention de votre perfidie pour mieux servir Bonaparte, et tirer de l'argent de l'Angleterre.

Mon neveu, qui vous a été adressé à l'occasion de ce comité,
fut circonvenu, trahi, livré, fusillé par vous, et vous avez touché
le prix de son sang !

Voilà ce que je réponds à Perlet. J'ajoute que ce que j'avance,
je le prouverai par des écrits de la propre main de Perlet. Voyons
si je tiendrai parole.

Lettre de Perlet à Veyrat.

Paris, 30 pluviôse an 13 (19 février 1805).

*Trahi, abandonné par toutes les personnes qui ont reçu de
moi des bienfaits, je cherche à renouer avec un ancien ami que
je n'ai pu oublier; je me hâte de lui écrire et de lui demander* un
rendez-vous chez lui.

Signé, Perlet.

7

Peut-être que Perlet voulait renouer avec l'inspecteur général de la police de Bonaparte, pour lui tirer le vers du nez, afin de mieux servir la cause de Louis XVIII. Il n'y a point de mal à ça.

Lettre de Perlet à Veyrat.

12 ventôse an 13 (3 mars 1805).

Mon ami,

On voit par cette apostrophe, qui commence la lettre, et qui s'y trouve en vedette, que le rendez-vous, demandé par la précédente, a eu lieu.

J'ai passé hier devant ton bureau, sans oser y entrer; j'ai couru pour faire rentrer des sommes qui me sont dues : au lieu de trouver des ressources, on m'a présenté un billet non acquitté, qu'il faut que je rembourse. O MON BON AMI, *si tu ne peux pas me trouver 1500 francs pour après-demain, j'en perdrai la tête; voilà trois nuits que je ne dors pas; si je ne fais pas mon paiement, je suis perdu; le service que je te demande est au-dessus de tout ce que tu peux imaginer; pardonne-moi, mon ami, et crois que je ne serai plus dans le cas de t'importuner.*

Ton dévoué et affectionné ami.

Signé, PERLET.

Avez-vous vu par cette lettre comme Perlet se dispose à gorger Veyrat d'or et d'argent ?

Lettre de Perlet à Veyrat.

Paris, 20 thermidor an 13 (8 août 1805).

Mon ami,

Le jour où tu m'as rendu ton amitié, où je me suis rapproché de toi, est un jour de bonheur pour moi, surtout parce qu'il me procure les occasions de servir avec zèle NOTRE GOUVERNEMENT AUQUEL JE SUIS ET SERAI TOUJOURS ATTACHÉ. *Dès cet instant je me suis occupé* DE CE QUE NOUS ÉTIONS CONVENUS. *Voici le résultat de mes démarches jusqu'à ce jour.*

J'ai écrit à F. B., à Berlin, et à son frère à Neuchâtel, je suis assuré, par les moyens que j'ai pris, d'avoir de bons renseignements sur les agents secrets qui pourraient être envoyés à Paris.

Le hasard m'a fait découvrir un agent secret du Roi de Mittau; cet agent a toujours trouvé le moyen d'être ignoré; et à coup sûr c'est le plus instruit: c'est M. L'ABBÉ BASSINET, *rue Neuve-des-Mathurins, n°. 671; mes rapports littéraires avec lui me mettent à même de le voir aussi souvent qu'il sera nécessaire, sans éveiller le soupçon. J'ai déjà eu plusieurs conférences avec lui; il ne m'a pas été difficile d'avoir sa plus entière confiance. Voici ce que j'en ai appris:*

C'est lui qui a fait passer directement au Roi, les renseignements SUR LE COMPLOT FORMÉ POUR L'EMPOISONNER. *Il correspond ordinairement par Francfort; je ne sais pas encore si c'est avec de l'encre sympatique; je lui ai proposé de me charger de lui faire passer ses paquets par la voie d'un correspondant que j'ai à Vilna, pour objets de librairie; il a goûté beaucoup ce moyen. Le Roi doit avoir quitté Mittau pour aller dans une autre ville; je ne me ressouviens pas du nom, c'est toujours dans la Prusse Polonaise. Je compte beaucoup être chargé de ces paquets,* ALORS JE TE LES REMETTRAI.

Il regrette beaucoup M. le duc d'Enghien; on travaille à le faire remplacer par l'aîné des d'Orléans. Ils ne paraissent pas encore d'accord pour cela; ils croient beaucoup à un mécontentement général contre notre gouvernement; ils prennent leurs mesures pour en profiter. Je t'assure, mon ami, que la découverte de ce M. Bassinet, est une chose excessivement importante: PAR LUI NOUS SERONS INSTRUITS DE TOUT; MAIS IL FAUT ÊTRE BIEN PRUDENT.

Je te prie d'assurer M. le conseiller d'état, préfet de police, que je ne négligerai rien POUR DÉCOUVRIR ET DÉNONCER *les enne-mis de notre gouvernement, et que rien ne me coûtera pour rendre tous les services qui dépendront de moi.*

. *Je me conformerai avec* **exactitude,** A TOUT CE QUE TU M'AS PRESCRIT, *et me prescriras par la suite; je m'abandonne entière-ment à toi.*

Ton ancien et dévoué ami,

Signé, CHARLES (I).

Au bas est écrit :

Il ne faut pas laisser subsister cette lettre.

Pourquoi donc *ne pas laisser subsister cette lettre,* M. Perlet? elle est d'autant plus précieuse, que sur un petit carré de papier qui s'y trouve attaché, on lit les mots suivants écrits de la main du préfet de police Dubois, et signé de la lettre initiale de son nom.

Rapport concernant l'individu qui a été suivi hier.

Vu, continuer.

Signé, D.

Est-ce que vous auriez peur, par hasard, que cette lettre ne fût pas un témoignage irrécusable de votre inaltérable fidélité pour la cause de Louis XVIII ?

Dire à l'agent de la police de Bonaparte que vous le servirez avec zèle, lui livrer à l'instant un serviteur du Roi, que vous avez déterré, et quel serviteur? l'abbé Bassinet, criminel à vos yeux *pour avoir fait passer, directement au Roi, les renseignements sur le com-plot formé pour l'empoisonner.*

____

(1) Le nom de *Charles* est un des noms de guerre de Perlet. Cette signature est de sa main, la lettre toute de sa main, comme toutes celles que je citerai.

Mais, homme épouvantable, vous connaissiez donc ce complot?
vous, et les vôtres, vous vouliez donc renouveler l'attentat de
Dillingen? Qu'il me soit permis d'en dire un mot.

Les Autrichiens étant battus en Italie, l'Empereur d'Allemagne
demandait une trève aux Français, et, pour y parvenir plus facilement, pressait l'exécution de la sommation qu'il avait faite à
Louis XVIII, de quitter l'armée de Condé.

Louis, à qui cette sommation était intimée pour la troisième
fois, se rendit à Blankembourg, dans le duché de Brunswick,
toutefois après m'avoir depêché au maréchal Wurmsser, et à l'archiduc Charles, pour leur réitérer que, malgré qu'il s'éloignât,
il croyait sa présence utile à l'armée; à quoi l'archiduc me répondit : « les intérêts du Roi, mon cousin, sont les nôtres; mais,
» tant que je n'aurai pas carte blanche, il n'y a rien à espérer du
» conseil aulique. »

Ayant transmis à Louis XVIII cette réponse du prince Charles,
Sa Majesté me chargea d'une mission aussi délicate que périlleuse;
ce fut d'aller trouver à Arbois le général Pichegru, qui était à la
veille d'être nommé député. Le Roi, dans la circonstance critique
où il se trouvait, desirait lui faire connaître sa position et avoir son
avis. Je priai Sa Majesté de me donner pour Pichegru, un mot de
sa main, que Louis XVIII eut l'attention d'écrire sur de la gaze
et de signer. Après avoir remis ce billet à Pichegru, qui le reçut
avec attendrissement, il me dit : *Hé bien, puisque ces..... Autrichiens ne veulent pas souffrir le Roi à l'armée de Condé, que
le Roi se rende dans l'endroit qui lui est assigné: les vrais Français sauront bien l'y trouver.*

Cependant Louis XVIII continuait sa route : tandis que Sa
Majesté se reposait à Dillingen, dans une auberge, un scélérat,
embusqué sous un portique en face de l'auberge, profita du moment où le Roi se mettait à la croisée pour lui tirer un coup de
fusil. La balle effleura son front, fit couler le sang; une ligne plus

bas le crâne sautait. Tout ce qui entourait Sa Majesté était dans la désolation. M. le duc de Fleury, M. le comte d'Avaray et autres seigneurs versaient des larmes. Le Roi, en étanchant son sang lui-même, rassurait ses fidèles sujets. « Vous voyez, leur disait-
» il, jusqu'où se porte la rage aveugle des méchants; mais je
» prends l'engagement solennel, qu'à travers les embûches et
» les assassins, invoquant le Dieu tout-puissant, et rappelant
» le retour de ses bénédictions sur la France, je marcherai inva-
» riablement au but de mes travaux. Ne vous attristez pas,
» Messieurs, si vous perdez Louis XVIII, Charles X vous reste. »

Est-ce que le Roi ignorerait encore aujourd'hui le nom de ses empoisonneurs, et que Perlet fut du nombre ?

Lettre de Perlet à Veyrat.

6 fructidor an 13 (24 août 1805).

Mon ami et brave camarade,

Je ne néglige rien de tout ce qui peut nous conduire à connaître les ennemis de notre gouvernement et les trames que l'on peut ourdir contre lui. JE LES DÉMASQUERAI AVEC LE ZÈLE D'UN VÉRITABLE PATRIOTE, *heureux d'être dans le cas d'être utile. Je crois avoir bien conduit mes affaires depuis deux mois. J'affecte* DES SENTIMENTS QUE JE N'EUS JAMAIS; *j'y suis forcé pour tirer les secrets de nos ennemis; mon rôle est pénible, mais rien au monde ne me fera changer; tu connais ma façon de penser. J'appartiens tout entier au gouvernement sous lequel nous vivons; je le défendrai jusqu'à mon dernier soupir; pour le bien servir tu seras mon guide;* JE CONNAIS TON PATRIOTISME ARDENT, *et je ne puis mieux faire que de me conduire d'après tes instructions.*

Tu verras par le billet ci-joint, comme je suis dans l'esprit de notre homme (Bassinet); il faut bien se garder de rien faire

qui puisse altérer cette confiance ; nous découvrirons tout, ab-
solument tout, mais l'essentiel est de bien ménager cet homme;
il est plus précieux qu'on ne saurait se l'imaginer, j'en réponds
sur ma tête. Lundi j'irai chez lui ; il me remettra son premier
paquet, JE TE LE PORTERAI A L'INSTANT.

Prenez garde, s'il vous plait, à ce qui suit ; vous allez voir
Perlet se mettre en quatre pour gorger d'or l'insatiable Veyrat.

Je suis humilié, mon ami, d'être obligé de mettre mes services
à prix ; mais tu connais ma position. Depuis quelque temps je
suis excessivement gêné , et je voudrais ajouter à mes ressources
un secours annuel qui pût me procurer un peu de tranquillité ;
ceci est très urgent, je me recommande à toi.

Tout à toi.

Signé CHARLES.

Il paraît que la demande de Perlet à son ami Veyrat n'a pas
été infructueuse: voici ce qu'il lui marque trois jours après :

Le même au même.

Paris , 10 fructidor an 13 (28 août 1805).

Je suis on ne peut pas plus content, mon bon ami, de ce
que tu as bien voulu faire pour moi ; j'y répondrai en me sacri-
fiant tout entier et avec un dévouement sans bornes au maintien
de notre gouvernement : compte sur moi, mon ami, comme
sur toi-même ; charge-toi de remercier M. le préfet de sa con-
fiance , et assure-le bien fermement que je la mériterai toujours,
et que rien ne me coûtera pour donner des preuves de mon
zèle.

Bonjour et bonne amitié.

Signé PERLET.

Il paraît que c'est 'e 26 ou le 27 août que Veyrat avait compté
à Perlet ce qui le rendait si content dans sa lettre du 28 ,

mais j'en ignore le montant. Nous serons plus heureux cette fois - ci.

Préfecture de police.

Paris, le 19 fructidor an 13 (6 septembre 1805).

J'ai reçu de M. Veyrat, inspecteur de police, la somme de cinq cents francs, qui m'a été accordée POUR INDEMNITÉ *, par M. le conseiller d'état, préfet.*

Signé PERLET.

Le 9 novembre il lui écrit encore :

J'ai grand besoin de cent francs, remets-les à Gallay.

Signé PERLET.

Et au bas est écrit de la main de Veyrat :

Prêté cent francs à Perlet.

Cette somme est une vétille ; mais voici qui sonne mieux :

J'ai reçu des mains de M. Veyrat, inspecteur général de police, la somme de cinq cents francs POUR INDEMNITÉ *, que M. le conseiller d'état, préfet de police, a bien voulu m'accorder.*

Paris, ce 23 septembre 1806.

Signé PERLET.

Voici qui sonne encore plus haut, tant pour le montant de la somme que pour le *montant* des expressions dans lesquelles la quittance est conçue :

J'ai reçu de M. l'inspecteur général la somme de quinze cents francs pour indemnité, que M. le conseiller d'état, préfet de police, veut bien avoir la bonté de m'accorder. Je n'ai pas de termes pour exprimer toute ma reconnaissance pour un si grand bienfait que je chercherai à mériter, s'il est possible, par ma

N° 13

J'ai reçu de Monsieur l'Inspecteur Général la somme de quinze cent francs pour indemnité que Monsieur le Conseiller d'État Préfet de Police veut bien avoir la bonté de m'accorder — je n'ai pas de termes pour exprimer toute ma reconnaissance pour un si grand bienfait, je chercherai, s'il est possible à le mériter par ma conduite et mon attachement inviolable pour Monsieur le Conseiller d'État Préfet de Police —

Paris le 10. 8bre 1806.

Perlet

dit Bourlac

Nota.

Parmi les nombreuses pièces que j'ai déposées et qui sont relatives à Perlet, on remarquera que dans ses rapports avec les polices de Buonaparte, il signoit les noms de Perlet, Charles, Bourlac, Gigneux &c. et que le libelle qu'il vient de publier est revêtu de sa signature ordinaire (Perlet) j'ai cru devoir afin que le lecteur puisse confronter l'identité des écritures, placer dans ce mémoire, un Fac-simile d'une de ces pièces. Paris ce 20 Mars 1816

Louis Fauche Borel

conduite et mon attachement inviolable pour M. le conseiller
d'état, préfet de police.

Paris, ce 10 octobre 1806.

Signé PERLET, *dit* BOURLAC.

Afin que le lecteur ait un échantillon de l'écriture de M. Perlet, et puisse la reconnaître au besoin, nous intercalons ici un *fac simile* de cette reconnaissance.

Observez que cet homme qui avait quitté le nom de *Perlet* pour prendre celui de *Charles*, quitte aujourd'hui ce dernier pour se donner celui de *Bourlac*.

Quel service si puissant Perlet venait-il donc de rendre à la police de Bonaparte, pour en obtenir autant d'argent en si peu de temps ? Il était à cette époque en correspondance active avec les agents de Louis XVIII ; il communiquait leurs lettres à Bonaparte ainsi que les réponses qu'il faisait à ces agents. Napoléon, comme on le pense bien, était horriblement maltraité dans les lettres de Perlet qui, approuvées de Napoléon, les remettait ensuite au ministre de la police, qui les faisait tenir à Perlet par l'intermédiaire de Desmarets, chef du bureau secret du ministère.

Voici un fragment d'une de ces lettres, en date du 24 juin 1806, adressée à mon frère par Perlet, et par lui communiquée à Bonaparte, avant qu'il l'a fît passer.

Après avoir injurié Bonaparte et déblatéré contre la forme de son gouvernement, Perlet continue ainsi :

Je suis en mesure ici, autant qu'il est possible de l'être, pour augmenter le nombre de nos partisans et pour être instruit de tout ce qu'il est nécessaire de savoir; j'ai des intelligences auprès des autorités les plus essentielles, j'en aurais bien davantage, si mes moyens pécuniaires me le permettaient; mais la perte entière de ma fortune m'empêche de faire de grandes dépenses; et il est des occasions où, sans ce véhicule, le zèle et le dé-

vouement ne peuvent suffire. J'apprends dans ce moment qu'il n'y aura pas de fête pour le 15 août, comme on le croyait ; on n'est pas tranquille au château, il y a de l'humeur. O mon ami, si avec tous mes moyens, tous mes préparatifs, il se présentait une bonne occasion et que l'on ne pût pas en profiter faute d'un chef pour conduire les fils, IL Y AURAIT DE QUOI SE BRULER LA CERVELLE ! *J'ai beau me creuser l'esprit pour chercher à Paris ce personnage capable de remplir ce but, je ne trouve rien ; et d'ailleurs, ce serait trop hasarder les intérêts les plus chers du Roi*; C'EST AU ROI A INDIQUER CE PERSONNAGE INDISPENSABLE.

Sentez-vous bien toute la perfidie de ce mot ? *c'est au Roi à indiquer ce personnage indispensable.* Si dans ce moment il se fût trouvé à Paris un chef de parti dévoué au Roi, comme Perlet, soufflé par Bonaparte, cherchait à le savoir , et que le Roi le lui eût indiqué, ce chef était un homme mort.

C'est au Roi à indiquer ce personnage indispensable, qui ne sera connu que de moi jusqu'au moment décisif, et à qui je ferai part, à mesure, de toutes mes découvertes, de toutes mes démarches, et qui verra par ses yeux tout ce qu'il y aura à faire ; JE POURRAI, SANS LE COMPROMETTRE, LUI FAIRE CONNAÎTRE LES DIFFÉRENTS PERSONNAGES SUR LESQUELS ON PEUT COMPTER. *J'ai mille idées dans ma tête, une foule de projets; je ne pense qu'à la réussite de celui qui remettrait promptement S. M. sur son trône. Cette idée m'électrise, elle m'enflamme, et il semble que je suis tout un autre homme.* SI MON EMPLOI SE BORNE A INFORMER EXACTEMENT SA MAJESTÉ DE TOUT CE QUI SE PASSE, *je continuerai à le faire; mais où cela nous mènera-t-il ? à des regrets inutiles. Il était de mon devoir de faire toutes ces observations ; qu'elles soient adoptées ou non , cela ne changera rien ni à mon zèle ni à mon dévouement. Je suivrai avec une exactitude scrupuleuse les ordres qui me seront transmis. J'appartiens tout entier à S. M.*

(59)

Cette lettre n'est pas signée, mais elle est toute entière de la main de Perlet; et la police y attachait, ainsi qu'à la réponse qui devait en découler, une importance bien majeure, comme on va le voir par ce billet de Desmarets, chef du bureau secret du ministère de la police, adressé à l'inspecteur Veyrat :

Vendredi.

J'ai l'honneur de remercier M. Veyrat de la peine qu'il a prise ce matin de venir me communiquer la lettre. Son Excellence a acquis la certitude particulière qu'on a la plus haute confiance en Perlet, et qu'il suit l'affaire avec chaleur et bonne foi. Pas le moindre nuage.

Signé Desmarets.

Quand Perlet dit qu'il fera connaître au chef qu'il invite le Roi à lui désigner, à Paris, les *différents personnages sur lesquels on peut compter*, il veut parler des personnes qui composent le comité royal pour lequel il s'est ruiné. Je vais, moi, faire connaître de sa propre main, comme je l'ai promis, que ce comité royal n'a jamais existé.

On se rappelle que mon neveu a été envoyé à Paris, par le ministre anglais, uniquement pour connaître les forces, les moyens, l'étendue de ce comité royal. Une fois arrivé à Paris, Perlet, renfermé pour dettes à Ste.-Pélagie, s'empare de lui, et le 2 mars 1807, écrit en ces termes au préfet Dubois.

Je n'ai aucune espèce d'inquiétude sur mon jeune homme; sa confiance en moi est sans bornes, et j'en tirerai tout ce qu'il sera en état de savoir. Dans les premiers jours, et surtout dans ma position (il est en prison), je suis bien obligé de ne rien précipiter,

Observez ce qui suit :

Ne pouvant pas lui dire que je communique avec le PRÉTENDU COMITÉ QU'IL CROIT EXISTANT.

8.

Est - il bien clair à présent, que ce comité n'est que *prétendu*, et que si Vitel *le croit existant*, Vitel est une dupe comme tous ceux qui y ont cru? Le fourbe!

Vous qui avez vu toute sa bassesse quand il tendait la main à Veyrat pour en obtenir quelque argent, voulez-vous, aujourd'hui que Perlet s'est acquis, par ses trahisons, quelque crédit sur Bonaparte, voulez-vous connaître toute l'étendue de ses prétentions et de ses perfidies politiques, toute sa morgue, toute son insolence et ses menaces? voyez (*Pièces justificatives*, n°. II) sa lettre à Veyrat, en date du 30 janvier 1807.

Voulez-vous aussi une nouvelle preuve de sa scélératesse envers le Roi? lisez (*Pièces justificatives*, n°. III) un projet de réponse à une lettre que je lui avais écrite de Londres. Ce projet de réponse est tout de sa main ; il est en date du 24 février 1809. En marge est écrit.

Ceci est un projet de réponse à la lettre que M. Perlet vient de recevoir, si M. le préfet approuve son contenu, elle sera envoyée.

Ce 25 février 1809.

Signé, VEYRAT.

Et au bas de la signature de Veyrat on lit :

On peut l'envoyer.

Signé, DUBOIS.

Après ce qu'on vient de lire, que me reste-t il à démontrer ? que Perlet a garrotté mon neveu, l'a fait supplicier, et a touché le prix de son sang.

Je vais le laisser parler, j'étoufferai le cri de la douleur afin de ne point l'interrompre, afin qu'on apprenne de lui seul les détails de son crime.

Je le copie tout entier, tout est de sa main.

Maison de détention de Sainte-Pélagie, 25 février 1807.

Rapport particulier pour M. le conseiller d'état, préfet de police.

Avant hier lundi, 23 de ce mois, à une heure et demie après midi, s'est présenté chez moi, rue de Tournon, nº. 6, un jeune homme d'environ vingt-six ans, demandant à me parler particulièrement ; il n'a trouvé que mon épouse, à qui il a dit qu'il avait à m'entretenir sur un ouvrage intitulé, les Oiseaux de Paradis (c'est un terme du Dictionnaire secret). Mon épouse lui a répondu que j'avais cédé cet ouvrage à M. Garnery ; alors il a dit qu'il avait à me parler d'autres choses pressées, et a laissé son adresse par écrit : M. VITEL, HOTEL D'HAMBOURG, RUE DE GRENELLE. Mon épouse est venue après son dîner me rendre compte de cette visite et m'apporter cette adresse. Je me suis empressé de lui remettre un petit mot pour M. Vitel, en l'invitant de le lui faire parvenir, de suite ou le lendemain de bonne heure, par Gallay, mon jeune homme de confiance ; j'invitais par ce billet M. Vitel à venir me voir de suite, sans lui dire où j'étais, mais en le priant de suivre mon jeune homme. Hier matin, mardi 24, Gallay lui porta mon billet et lui proposa de le conduire près de moi ; ce qu'il accepta avec plaisir, et se mit de suite en chemin. Arrivé à la rue Copeau, il demanda à Gallay où il le conduisait, celui-ci lui dit que c'était à la prison de Sainte Pélagie, où j'étais détenu pour dettes. Vitel, alors saisi de frayeur, refusa de venir en disant qu'il ne me connaissait pas, qu'il n'avait aucune affaire avec moi, et que vraisemblablement mon billet n'était pas pour lui, et il laissa là mon jeune homme.

Et dans son Mémoire du 11 décembre 1814, à M. le chancelier, Perlet dit, qu'effrayé de l'apparition subite de mon neveu qui vint le trouver à Pélagie, il lui conseilla de se cacher, et, pour le mettre à l'abri de toutes recherches, lui offrit un asyle dans une campagne qu'il avait près de Paris ; que Vitel refusa cette offre.

Monstrueuse hypocrisie! Mais j'avais promis de le laisser parler ; je me tais.

Et il laissa là mon jeune homme qui retourna à l'hôtel d'Hambourg chercher celui que je demandais ; n'en trouvant pas d'autre rue de Grenelle St.-Honoré, il vint rue de Grenelle St.-Germain, où, ne trouvant point d'hôtel d'Hambourg, il vint me rendre compte de sa commission. Je l'attendais avec une extrême impatience, regrettant bien fort d'être en prison. Après avoir appris ce qui venait d'arriver, je questionnai Gallay sur la tournure, la taille et l'âge de l'homme qui n'avait pas voulu le suivre, et je reconnus parfaitement que ce ne pouvait être autre que Vitel, neveu des frères Fauche, lequel Vitel était à Londres, en 1800, officier au service de la compagnie des Indes anglaises, et avec qui j'avais fait connaissance lors de mon passage en Angleterre, revenant de Caïenne. Je me hâtai de renvoyer Gallay hôtel d'Hambourg, pour rassurer mon homme et l'engager fortement à venir. Une heureuse circonstance me servait, les lettres de la correspondance étaient toutes adressées à ce Gallay ; je lui dis qu'il n'avait qu'à se nommer, et dire tout ce qu'il pourrait pour lui donner assez de confiance et me l'amener. Il réussit parfaitement, je le vis arriver à trois heures à ma triste demeure. Il n'était pas très rassuré, nous nous reconnûmes tous deux et la confiance commença à renaître. Je le fis monter dans ma chambre, il m'apprit qu'il était envoyé par le ministère anglais auprès de moi ; qu'il n'avait pu partir de Londres que le 6 janvier, sur un paquebot, sans savoir où il pourrait débarquer, qu'il avait débarqué à (je crois) Usum, où il y avait encore un agent anglais, qu'il s'était rendu à Gottembourg, de là à Hambourg, et ensuite à Neu-

châtel en Suisse, sa patrie, afin de s'y procurer un passeport en règle pour venir me joindre en sûreté à Paris. Il a donc un passeport parfaitement en règle, et il est très important de le tenir dans une sécurité parfaite afin de lui ôter toute espèce de soupçons. Il a des ordres de s'en retourner très promptement, et aussitôt qu'il aura communiqué avec moi et que je lui aurai remis les papiers instructifs qu'il vient chercher. Il m'a dit avoir de très bonnes choses à me dire, que tout allait parfaitement bien, que la plus grande harmonie régnait entre l'Angleterre et les puissances du Nord, surtout avec la Russie; que nous étions battus, que nous avions perdu considérablement de monde et des généraux, mais qu'il lui était impossible de s'expliquer dans le lieu où j'étais, qu'il avait des choses de la plus haute importance à me communiquer. Je lui ai dit que je ne pouvais être libre que vendredi, et qu'il pouvait être tranquille. Il m'attendra; il m'a demandé si je ne le croyais pas en sûreté à l'hôtel d'Hambourg, ainsi, nous serons le maître de le loger où il conviendra; il a paru avoir en moi la confiance la plus complète, il m'a assuré que le roi de Prusse était à la tête de son armée forte encore de 60,000 hommes effectifs, et que le but, bien arrêté entre toutes les puissances, était de remettre Louis XVIII sur le trône. Je me suis hâté d'écrire à M. l'inspecteur-général pour l'inviter de venir me voir : j'ai eu le plaisir de lui parler hier soir. C'est sur son invitation que j'ai fait ce rapport, je prie M. le conseiller d'état, préfet, d'en excuser les défauts, ma position ne me rend pas ma tête aussi saine que je voudrais, mais je le prie d'être très persuadé de mon entière soumission à ses ordres; je ne cesserai de lui en donner des preuves, comme du parfait attachement avec lequel j'ai l'honneur d'être avec un profond respect,

Son très humble et très dévoué serviteur,

Signé, CHARLES.

Copie d'une lettre écrite par Perlet à Veyrat.

1er. mars 1807.

J'ai eu successivement des entrevues avec M. Vitel, le jeudi, vendredi et samedi dernier. Voici le résultat de ces trois entrevues.

M. Vitel, officier au service de la compagnie des Indes anglaises, neveu des frères Fauche, est envoyé directement auprès de moi par le lord Howick, ministre des affaires étrangères, pour me faire part que tous les arrangements sont pris avec l'empereur de Russie, pour rétablir, par tous les moyens qui sont en leurs pouvoirs, Louis XVIII sur le trône de France. L'ambassadeur de Russie est parti de Londres à cet effet avec tous les plans, et a laissé à Londres pour le remplacer, M. de Nicolaï, comme chargé d'affaires.

Le lord Howich a dit à M. Vitel qu'il n'y aurait plus ni confiance, ni argent d'accordés à tous les émigrés et autres Français qui avaient jusqu'alors présenté des plans de contre-révolution ; que les écrits de moi, qu'on lui avait communiqués, paraissaient les seuls admissibles et les seuls auxquels on pouvait donner une pleine et entière confiance, parce qu'il voyait bien qu'ils étaient solides. Ce qui a beaucoup contribué à cette confiance, c'est une pièce contenant la liste détaillée des prisonniers du Temple, avec le sujet de leur détention, et la pièce contenant la signature originale du général Berthier ; ce sont ces deux pièces qui ont déterminé le ministre à m'envoyer M. Vitel pour se concerter avec moi et les PERSONNES QU'IL SUPPOSE COMPOSER MON COMITÉ ,

Nouvelle preuve que ce comité royal n'était qu'une supposition de M. Perlet : MON COMITÉ !

Sur les moyens de faire passer les millions nécessaires en France pour opérer une diversion, et préparer le rétablissement du Roi,

en m'assurant que de pareils projets seraient secondés très fortement, cet argent est tout prêt à être envoyé et entièrement
à ma disposition, mais pour cela il faut que Vitel emporte le
résumé exact de nos plans et de nos moyens d'exécution, et
aussitôt l'arrivée de Vitel à Londres, on fera tenir les fonds
au lieu où l'on conviendra, ou si l'on aime mieux, on pourra
envoyer quelqu'un avec Vitel à qui ils seront remis : jamais,
dit celui-ci, le gouvernement anglais n'a été si bien disposé.

Lord Howich pense qu'il faudrait s'assurer des membres
marquants du sénat, qui nommerait une régence provisoire,
qui correspondrait à l'instant de sa nomination avec le ministre anglais, pour traiter de la paix qui serait accordée sur-
le-champ. Les généraux Berthier et Masséna prendraient le
commandement de la grande armée par ordre de cette régence.
Ces généraux seraient fortement secondés par la Russie, qui
protégerait l'arrivée de Louis XVIII qui se trouve toujours à
Mittau.

Lord Howich a chargé M. Vitel de trouver des moyens d'établir une correspondance directe entre lui, lord Howich et moi,
pour lui faire passer, par la voie la plus courte, tous les plans du
COMITÉ QU'IL CROIT EXISTANT, et les demandes qu'il aurait à faire
pour la réussite de ses projets, et que, de suite, tout serait ac-
cordé ; il fera de même passer toutes les instructions nécessaires.

M. Vitel m'a assuré très positivement n'avoir été chargé de
rien, pour qui que ce soit, n'avoir personne à voir, et n'avoir été
chargé de ce voyage que pour se concerter avec moi seul.

Il dit le Roi de Prusse à Kœnigsberg avec son armée, forte au
moins de soixante mille hommes.

Il m'a confirmé avoir quitté le ministre le 6 janvier, s'être em-
barqué le 8, avoir débarqué quarante-huit heures après à Usum,
de là s'être rendu à Hambourg avec une lettre de recommanda-

tion de M. *Coults*, banquier de la cour de Londres, pour
M. *Hambury*, négociant à Hambourg. Ce dernier lui a fait avoir
un passe-port, avec lequel il s'est rendu à Hanovre, Cassel,
Francfort et Neuchâtel en Suisse; il lui a fallu dix jours, à ce
dernier endroit, pour se procurer le passe-port dont il est actuellement porteur.

Il m'a dit que la demande de 500,000 francs, que j'avais
faite, avait d'abord paru bien mesquine; mais que l'arrivée de
mes nouvelles lettres avait dissipé toute espèce de soupçons et
établi aux yeux du ministre la confiance la plus complète. Je
lui ai répondu que l'on devait avoir vu que cette première demande de fonds n'était que provisoire et seulement pour les pre-
mières dépenses urgentes.

Si l'on pouvait assurer le ministre anglais que le ministre de la
police Fouché (c'est l'expression de M. *Vitel*) entre dans le
plan, alors il serait convaincu de sa réussite, et ferait les plus
grands sacrifices en argent; il me répete ce propos à chaque
instant. LE MINISTRE ANGLAIS DESIRERAIT AVOIR DEUX PASSE-PORTS
EN BLANC DU MINISTRE DE LA POLICE. J'ai répondu sur ces deux
articles que, n'ayant jusqu'à présent avancé que des choses dont
j'étais parfaitement sûr, je ne pouvais pas lui répondre positivement sur ces deux demandes; que j'avais bien quelques espérances, et que notre comité étant composé des gens les plus
marquants, j'en référerais à eux, et je lui dirais ce qu'il faut espérer. M. *Vitel* est dans la plus parfaite sécurité; il vient me voir
tous les jours. Je prie M. le conseiller d'état, préfet de police,
de compter plus que jamais sur mon zèle et sur mon dévouement à faire tout ce qu'il lui plaira m'ordonner.

Je prie monsieur le conseiller d'état préfet de police de bien
vouloir recevoir ici MES TRÈS HUMBLES REMERCIEMENTS SUR LES
NOUVEAUX BIENFAITS DONT SA GÉNÉROSITÉ A BIEN VOULU ME GRA-
TIFIER. Un pareil secours ne pouvait venir plus à propos; j'en

conserverai une éternelle reconnaissance. Je me trouverai tou-
jours bienheureux lorsque je pourrai LUI EN DONNER DES PREUVES.

Signé CHARLES.

Quel est donc ce nouveau bienfait? d'où vient, à la fin de cette lettre, cette explosion de reconnaissance de la part de Perlet, en faveur du préfet de police? Serait-ce qu'on lui enverrait de l'argent pour le récompenser de ce qu'il a déjà fait, et l'encourager à bien faire encore? Voyons.

Lettre de Perlet à Veyrat.

1er. mars 1807.

Si tu pouvais me faire passer les 2400 fr. qu'il a plu à M. le préfet de me gratifier, tu me ferais grand plaisir.

Tout à toi, ton dévoué ami,

Signé PERLET.

A la marge est écrit et signé de la main de Veyrat :

Remis à M. Perlet la somme de 2400 francs.

Lettre de Perlet à Veyrat.

2 mars 1807.

J'ignore encore si Vitel a des papiers; s'il en a, il est impossible qu'ils nous échappent. Je suis bien assuré qu'il ne me cachera rien, et qu'on fera de lui tout ce qu'on voudra.....

Lecteur, pesez bien ce qui suit, s'il vous plaît.

Je veux me rendre digne de la confiance de M. le conseiller d'état préfet, et lui donner des preuves du zèle qui m'anime, EN EXÉCUTANT TOUT CE QU'IL A DROIT D'ATTENDRE DE MOI.

Signé CHARLES.

Oh ! puissance de l'or sur une ame de boue !

9..

Perlet à Veyrat.

3 mars 1807.

J'ai passé une partie de la matinée, hier, avec mon homme.
Je ne le crois pas porteur de papiers. c'est la crainte qui lui a
empêché de s'en charger. Le projet bien arrêté entre le ministère
anglais et la Russie, de faire monter Louis XVIII sur le trône de
France, n'a été communiqué ni au comte d'Artois, ni aux agents
du Roi, parce qu'ils ont toujours été trompés. C'est pour cela
qu'ils ont envoyé François Fauche à Gottenbourg, pour être le
centre de la correspondance réciproque du ministère anglais,
de la Russie et de moi.....

Attention, je vous prie.

Ce sera donc Fauche, à Gottenbourg, qui recevra et expédie-
ra tous les paquets de correspondance qui traitera de cette im-
portante affaire. Aussitôt qu'ils seront assurés des disposi-
tions de la France, ils enverront une flotte prendre Louis
XVIII, et le feront débarquer avec le plus grand appareil a
l'endroit que le comité indiquera.

A l'endroit que le comité indiquera! Le voyez-vous creuser de
sa main le traquenard où il veut faire tomber et prendre le Roi!
C'est le premier tome de l'histoire du duc de Berry, débarquant
sur les côtes de Normandie. Avançons.

J'ai demandé à mon homme comment je pouvais avoir mérité
la grande confiance qu'on avait en moi? Il m'a répondu que
c'était le Roi lui-même qui m'avait fait connaître ; qu'il avait
envoyé au ministre anglais l'article de mon journal qui avait
sauvé la fille de Louis XVI, et que ma dernière note avait
achevé de convaincre les ministres et les avait décidés à en-
voyer directement à moi pour traiter. *Je suis donc assuré de*
faire de mon homme tout ce qu'on voudra ; moi, je suivrai

aveuglement les ordres de M. le conseiller d'état préfet ; ma sou-
mission sera toujours sans restrictions.

Signé CHARLES.

Encore un peu de patience, nous touchons au dénoûment de cette horrible trame.

Lettre de Perlet à Veyrat (7 mars 1807).

Je mérite par mon dévouement que l'on ait de la confiance en moi. Quel que soit le sort de mon homme (Vitel), il ne faudrait pas l'envoyer au Temple, si l'abbé Bassinet y est (1).....
cela ferait du tort à nos projets ultérieurs. Je me recommande à ta bonne amitié, et te prie de me croire sans réserve, tout à toi.

Signé PERLET.

Dès que l'on a tiré de mon neveu tous les secrets qu'il pouvait avoir, tous les documents qu'il pouvait fournir, il est jeté dans la prison du Temple, sa perte est résolue. Mais avant qu'il soit mis à mort, Perlet doit se souiller de deux nouvelles infamies. D'abord me voler de l'argent sous le vain prétexte d'arracher sa victime aux bourreaux, puis m'arracher les secrets de la cause royale, dans le cas où Vitel ne lui eût pas tout dit. Deux mots de la main de Perlet vont en donner la preuve.

Lettre de Perlet, à Fauche Borel, écrite en encre
sympatique.

Paris, 27 mars 1807.

Je suis très inquiet de savoir si ma lettre, de 600 livres ster-
ling, du 21, vous est parvenue. Il est de la plus haute impor-
tance, dans le moment actuel, que vous exécutiez très promp-
tement ce que je vous demande ; le plus léger retard porterait un

---

(1) L'abbé de Bassinet est celui dont il a été question plus haut, et que Perlet avait fait arrêter par une trame à peu près semblable à celle dont Vitel était victime. Le malheureux abbé de Bassinet connaissait alors l'auteur du piége qui lui avait été tendu ; et il n'eût pas manqué de le dévoiler à Vitel. De-là les craintes de Perlet de les voir réunis dans la même prison.

coup irréparable à nos affaires. Si vos fonds arrivent a temps, je parviendrai a dégager Vitel, et a vous le renvoyer porteur de toutes pièces. *En attendant, comptez sur tout mon zèle et mon dévouement.*

Puis, il ajoute :

On a voulu me faire croire que M. Vitel était porteur de quelque chose de très secret, dites-le moi franchement.

Observez que, dans cette lettre, il n'y a de clair que la demande des 600 louis ; que, quant au danger que court Vitel, Perlet n'en dit que ce qu'il faut pour m'effrayer. Si je lui envoie de l'or, il parviendra à le dégager. Mais de quoi ? où Vitel a-t-il été arrêté ? par qui ? en quelle main se trouve-t-il ? comment l'en tirer ? pas un mot de tout cela. Qu'importe ? il suffit que mon neveu soit en péril ; je cours chez Casenove, banquier à Londres, je lui verse le montant de la traite de six cents louis, le conjurant d'en faire les fonds à Perlet, par l'intermédiaire de Pichonnat, son correspondant à Paris. Casenove s'empresse d'envoyer les fonds ; ils arrivent à Pichonnat, et mon neveu était fusillé!!! et le monstre devait me le *renvoyer porteur de toutes pièces.*

Lettre écrite par Charles Samuel Vitel à ses parents, quelques minutes avant sa mort.

Très chers Mère, Frère et Sœur,

Votre Charles vous fait ses adieux ; consolez-vous de sa perte ; il sera dans peu d'heures plus heureux que vous, et, s'il a un regret en quittant cette vie, c'est, Dieu le sait, celui de vous y laisser sans avoir pu vous faire du bien ; je meurs comme mon père : c'est-à-dire, convaincu que toutes mes actions ont toujours été pour faire le bien ; si je me suis abusé, l'ignorance est mon seul crime. Soyez heureux, s'il est encore possible que vous le soyez ; pensez à moi quelquefois, et surtout ne vous lais-

sez pas abattre à la douleur; vous avoir quitté huit ans, revenir, s'entre-voir et se quitter pour toujours! Plus heureux que vous, je vais revoir notre père et nos parents. Ah! ne craignez pas, je saurai mourir comme il l'a fait; et plus à présent que jamais, je sens combien est précieuse une bonne conscience. Adieu, je n'ai plus qu'un moment à vivre, et il faut vous quitter; l'idée d'une mère, d'une sœur et d'un frère éplorés m'attendrit; il faut cependant s'y soumettre et rassembler toutes vos forces pour supporter cette dernière épreuve, elle est terrible. Adieu encore; il est un autre séjour où nous nous reverrons, sans que les hommes puissent y porter obstacle. Embrassez tous mes parents et amis qui s'intéressent à mon sort; n'ayant jamais eu d'ennemis, je n'ai rien à pardonner, et je demande le pardon de ceux que j'ai pu offenser; j'acquitte entièrement d'être cause de ma mort les personnes qui m'ont chargé de venir ici; elles ignora.ent le danger, TROMPÉES PAR DE VILS SCÉLÉRATS QUI SE FONT UN JEU DE LA FOURBERIE : J'EN SUIS LA VICTIME, *faute d'avoir connu les hommes. Je donne à ma sœur ce qui peut m'être dû de ma paye que M. Michaud réclamera et fera passer à ma mère et à ma sœur; de même, je recommande mon frère et ma mère à la générosité des personnes qui m'ont employé*, et DU PRINCE QUE J'AI SERVI, DÉCLARANT QUE TOUTE MON AMBITION ÉTAIT DE LUI RENDRE TOUS LES SERVICES QUE MON ÉTAT ME METTAIT A MÊME DE REMPLIR; ET QU'EN ENTREPRENANT CE QUI ME COUTE SI CHER, NON SEULEMENT JE FAISAIS MON DEVOIR EN LE SERVANT, MAIS J'ÉTAIS PERSUADÉ QUE C'ÉTAIT TRAVAILLER AU SALUT DE L'EUROPE ENTIÈRE.

Adieu, chers et bien aimés parents.

Votre fils, frère et neveu.

Signé Charles-Samuel VITEL.

De l'Abbaye, le 4 Avril 1807.

Samuel Vitel à son cousin Auguste Borel, à Neufchatel.

Mon cher ami,

« Si les vingt louis que je vous avais demandé, appartenant à
» ma mère, ne sont pas livrés, je vous prie de ne le pas faire et
» de les lui rendre; vous lirez l'incluse, et vous apprendrez la
» cause qui épargne cette somme à ma pauvre mère, consolez-là,
» mon cher ami, puisque je ne puis le faire qu'en l'affligeant,
» aidez lui à supporter ce nouveau malheur, et croyez que votre
» cousin vous en conservera une reconnaissance dans l'autre
» monde comme dans le peu d'instants qu'il a à rester dans celui-
» ci; bien des remercîments à votre bonne mère, pour les soins
» et l'amitié qu'elle m'a toujours témoigné depuis mon enfance.
» Adieu, dans une heure, dans deux au plus tard, votre cousin
» aura rejoint son père.

CH.-S. VITEL.

De l'Abbaye, 4 avril 1807.

» *P. S.* Je vais dîner, mon cher, une troupe de peuple est à
» ma fenêtre, regardant la victime que l'on apprête pour le ré-
» jouir; je vous assure que jamais je ne me trouvai à pareille fête,
» mais l'on apprend tous les jours quelque chose; demain plus
» bas, je n'apprendai plus rien ! Il me souvient de ce qu'un ca-
» pitaine anglais me dit dans l'Inde, *poor Witel you will never*
» *be happy in this world. you are too good.* Je ne sais si la se-
» conde partie de sa prédiction était vraie, mais je sais mainte-
» nant que la première n'est pas loin de s'accomplir; par rapport
» à moi je ne me trouve point tel ; mais ma mère, mon frère, ma
» sœur, il faut vous quitter sans avoir rien fait pour vous, quel
» retour cruel sur moi-même..... Je pars, mon ami..... encore
» quelques instants et je ne serai plus; consolez ma mère, c'est le
» seul chagrin que m'occasionne ce moment critique. Adieu,
» Adieu........»

V.

Et mes 600 louis, Perlet les a-t-il touchés? Pour que le public ne pût pas en douter plus que moi, j'ai provoqué, à cet égard, du banquier de Perlet, une réponse que j'ai transcrite; elle est en date du 3 janvier 1816.

« Pour satisfaire à la lettre que vous m'avez fait l'honneur de » m'écrire, en date du 30 passé, relativement à 600 louis, pris de » M. Perlet sur vous, Monsieur, dans Londres, en 1807, j'en ai » tenu compte et payé le montant audit sieur Perlet, comme suit :

» Le 22 juin 1807   3,580 ⎫
» Le 18 août *id.*   10,550 ⎬ 14,130

» En quatorze mille cent trente livres net.

» Si vous aviez besoin d'autres renseignements à ce sujet, donnez-» vous, Monsieur, la peine de venir avec le susdit effet, je serai » charmé d'avoir l'honneur de vous recevoir et de vous donner » tous les renseignements que vous pouvez desirer.

» J'ai l'honneur de vous saluer.

» *Signé* PICHONNAT. »

J'ai dit et je répète qu'outre ces six cents louis Perlet avait touché le crédit ouvert à mon neveu sur MM. Hottinguer et compagnie, banquiers à Paris, pour subvenir à ses besoins lors de son fatal voyage dans cette capitale. En preuve de ce que j'avance on peut lire (*Pièces justificatives*, N°. *IV*) copie entière du rapport fait à ce sujet par M. Rivière, que je ne vais citer que par extrait :

On réclame au nom de M. Fauche Borel le remboursement d'une somme de 4,174 fr., qui reposait en crédit chez MM. Hottinguer, pour le compte de M. Vitel, et qui ont été versés à la caisse de la préfecture de police, le 10 mars 1807.

La caisse de la police n'a plus ces fonds à sa disposition; ils ont été distribués, savoir : 574 fr. à l'inspecteur général, pour être distribués par lui aux agents de police QUI ONT OPÉRÉ, *et* 3,600 *fr. au sieur* CHARLES (PERLET), *agent de police.*

Eh bien ! Perlet ou Charles, avez-vous *opéré ?* Ils avaient opéré aussi, les égorgeurs de septembre, qui, les bras encore nus et sanglants, venaient réclamer à la commune le salaire de *leur opération !* Mais vous avez sur eux cet avantage, que les victimes qu'ils massacraient, ils ne les avaient ni désignées au couteau ni parquées, et que vous, Perlet, vous l'avez désignée, parquée et livrée !

Qu'on me permette ici une courte digression. C'est le 4 avril 1807 que mon infortuné neveu a été fusillé : on voit par la lettre de M. Pichonnat que c'est les 22 juin et 18 août que Perlet a touché les 600 louis qu'il me demandait pour délivrer Vitel. Or, dans cet intervalle du 4 avril au 22 juin, Perlet a en outre touché une autre somme de 150 louis pour subvenir aux besoins du comité royal. Il avait tiré à cet effet, sur moi, une traite de mille louis *seulement* ; mais n'étant pas en fonds, je ne pus lui faire passer que 150 louis qu'il toucha le 2 juin 1807, c'est-à-dire vingt jours avant l'entrée en payement des 600 louis. La preuve en résulte et des livres de M. Pichonnat, et de l'écriture de Perlet, et de celle de M. le préfet Dubois. Je ne sais trop pourquoi Perlet, qui s'était passé de l'autorisation du préfet de police pour toucher les 600 louis, a cru devoir lui demander son agrément pour toucher les 150 ; mais le **fait existe.** En voici encore la preuve :

Paris, 2 juin 1807.

« J'ai l'honneur d'annoncer à M. le conseiller d'état, préfet de » police, que mon correspondant de Paris a reçu la somme de » 150 liv. sterling, provenant d'une pareille somme comptée à » MM. James Cazenove et compagnie, à Londres, par Louis » Fauche Borel.

» Ces 150 livres sterling sont prêtes à être comptées au prix » du change, et déduction faite des droits de commission.

(75)

» Cette somme est à la disposition de M. le conseiller d'état,
» préfet de police ; j'attendrai ses ordres.

» J'ai l'honneur d'être avec respect et un parfait attachement,
   » Son très humble et très dévoué serviteur.

        » *Signé* PERLET. »

Au bas de cette lettre on lit ces mots :

M. Perlet doit les garder, cela lui appartient.

        Signé DUBOIS.

Or, voilà, de compte fait, Perlet qui touche en un seul mois :

Pour le comité royal de sa façon. . .   3,600 fr.

Pour tirer mon neveu de prison où il l'a fait
jeter   14,400

Et sur le crédit ouvert à mon neveu sur la
maison Hottinguer et compagnie   3,600

         Total . . . 21,600

N'oubliez pas que c'est de moi seul qu'il tire cet argent ; que dans ces 21,600 fr. il n'est pas question de ce qu'il a touché de la police de Dubois et de la police de Fouché ; qu'il vous souvienne seulement que MM. Dubois et Desmarets m'ont affirmé que Perlet était insatiable.

Et voilà l'homme qui, dans ses quatre Mémoires manuscrits, ainsi que dans son Imprimé, dit que je suis un imposteur, parce que j'ai avancé qu'il avait reçu de l'argent de la police de Bonaparte et pris la dépouille de mon neveu ; et qui, pour donner plus de poids à cette assertion, prend le ciel à témoin de son innocence, et appelle sa vengeance s'il en impose.

Mais, comment, lorsqu'il existait autant de preuves écrites de son parjure, comment ce Perlet, que l'on n'a plus d'expres-

sions pour qualifier , a-t-il pu se résoudre à devenir le plus im-
pudent des blasphémateurs ?

Ah ! comment ? C'est parce que le crime a ses échelons ; c'est
que cet homme , qui n'a d'abord été qu'un écrivailleur intrigant,
est devenu un escroc , ensuite un voleur, ensuite un traître, puis
un assassin : non pas un assassin à force ouverte , mais assassin
pipant sa proie, la poussant dans le piége , l'y assommant, encore étourdie de sa chute, et la dépeçant après: arrivé là , le
blasphême ne lui a plus rien coûté.

D'ailleurs, n'espérait-il pas que ces preuves que nous avons en
main ne nous parviendraient jamais ? Sa correspondance , c'est
de Veyrat qu'on la tient ; et il ne la croyait plus entre les mains
de Veyrat, surtout ce dernier ayant reçu ordre de M. Pasquier,
successeur de M. Dubois, de lui remettre le carton complet , re-
latif à l'espionnage de Perlet. Veyrat le remit ce carton, mais
après en avoir extrait ce qui le concernait personnellement ; a-t-il
bien fait ? c'est ce que je laisse au lecteur à décider. En attendant,
voici copie d'un écrit de M. le préfet de police, Pasquier, qui
vient à l'appui de ce que j'avance :

« M. Veyrat m'a remis aujourd'hui le carton contenant toutes
» les pièces relatives à la correspondance de M. Perlet, *et à son*
» *voyage en Angleterre.* »

Signé PASQUIER.

Ce 13 décembre 1810.

Et à son voyage en Angleterre. Si ce que l'on m'a dit est vrai,
ce doit être une chose curieuse que la relation faite par Perlet à
la police de Bonaparte de son voyage près de Louis XVIII. Le
respect me ferme la bouche.

Mais rien ne m'impose silence sur une pièce qui peut-être n'est
pas moins précieuse dans son genre; je veux parler de la déclaration donnée à Perlet par le général Danican, relativement à l'ar-

restation de mon neveu; déclaration servant de *palladium* à Perlet, et derrière laquelle il se retranche; qu'il a transcrite dans ses Mémoires et fait imprimer à la suite de sa brochure. La voici; elle égayera le lecteur à qui il est temps d'offrir des tableaux moins rembrunis.

« *J'ai la connaissance la plus intime des relations qui ont eu* » *lieu entre MM. Perlet et Fauche.* »

Si vous avez été dans *l'intimité* de Perlet lorsqu'il avait des relations avec moi, je ne vous conseille plus de vous en vanter.

« *Dieu seul connaît le secret et les intentions de Fauche,* » *lorsqu'il a écrit de son chef à Fouché, en* 1807. »

Tout à l'heure vous serez aussi instruit que Dieu sur cet article.

« *Et à Desmarets, en* 1813. »

Je n'ai jamais écrit à Desmarets.

« *Cependant je crois pouvoir en expliquer une partie.* »

Expliquer une partie, de quoi? de mon secret ou de mes intentions? voyons cela?

« *C'est un tissu de bêtises, de fourberies et de cupidité.* »

Eh bien! voilà ce qui s'appelle une explication qui ne laisse rien à desirer.

« *Je l'ai démontré devant le juge-de-paix Véron et le géné-* » *ral Desnoyers.* »

M. Danican, on voit bien que vous hantez Perlet; vous mettez à côté de la vérité. Chez le juge-de-paix Véron, je sommai Perlet de m'indiquer les membres du comité royal, et jamais je n'en pus rien obtenir. Je lui porte encore aujourd'hui le même défi.

« *Accuser M. Perlet d'avoir fait fusiller le jeune Vitel, est,* » *de la part de Fauche, le beau imaginaire de la duplicité et* » *de la fourberie réunie à une grande maladresse.* »

Le beau imaginaire de la duplicité!

> Peste! où prend mon esprit toutes ces gentillesses?

« *Pour l'honneur de l'humanité*, *j'espère que M. Perlet*
» *triomphera de la calomnie.* »

Son triomphe est complet, comme vous voyez, et puisque vous
le desiriez si ardemment, je vais vous y associer avec plaisir.

Vous souvient-il, mon général, quand les papiers français nous
apprirent à Londres la mort de mon neveu, de la douleur où vous
me vîtes plongé en accourant chez moi? des reproches affectueux
que vous me fîtes de ne pas vous avoir fait charger, par le gouvernement anglais, de la mission confiée à Vitel? attendu, disiez-
vous, que vous connaissiez mieux la France que ce jeune homme,
et que vous étiez l'ami intime de Perlet. Vous souvient-il que
vous vous offrîtes pour le remplacer? que vos offres furent ac-
ceptées, et que votre mission eut le double but, 1°. de prendre
près de Perlet des informations sur les forces et les besoins du
comité royal; 2°. de découvrir comment, et par qui, mon neveu
avait été arrêté, et pourquoi il avait été fusillé? comment encore
Perlet, qui avait tant de gens de poids dans son comité royal,
n'avait pas pu, pour tirer mon neveu d'affaire, trouver chez ces
personnages marquants une somme quelconque, en attendant
que les fonds qu'il m'avait demandés lui fussent parvenus?

Vous souvient-il aussi que, pour prix de cette mission, j'eus
l'honneur de vous compter, le 28 avril 1807, une somme de 500
louis? Vous les prenez, vous partez, vous arrivez à Rouen; là,
vous avez peur d'être découvert; un courrier se présente tout à
point; vous rebroussez chemin avec lui, et nous écrivez d'Hambourg, que vous n'avez vu ni Perlet ni les gens du comité royal,
mais vous ne sonnez mot des cinq cents louis. C'était payer un
peu cher un voyage jusqu'à Rouen, supposé qu'il ait eu lieu;
mais enfin c'est à quoi vous jugeâtes à propos de borner votre
mission. On ne vous parla plus de l'argent, et je ne vous en aurais
pas parlé moi-même, si votre attestation à Perlet ne m'eût paru
la chose du monde la plus singulière.

Quoi! mon général, vous recevez cinq cents louis pour aller à la découverte du meurtrier de mon neveu; il y avait alors du danger pour vous à mettre le pied en France, vous l'en retirez bien vite; le danger passé, vous y reparaissez, le hasard vous met le coupable sous la main, et, au lieu de l'appréhender au corps, c'est à lui que vous expédiez un brevet d'innocence. Ou vous êtes son complice, ou vous êtes sa dupe? Choisissez.

Pour moi, à qui vous délivrez, sur le même parchemin, un certificat de *maladresse* et de *cupidité*, je m'en remets au public du soin de décider lequel de nous deux a été, dans cette circonstance, le plus cupide et le plus maladroit.

Au surplus, mon général, comme vous avez totalement oublié ce qui s'est dit dans les conférences qui ont eu lieu chez M. le duc d'Havré et le juge-de paix Véron, bien que ces conférences soient récentes, vous pourriez, à plus forte raison, ne pas vous rappeler d'un fait qui leur est antérieur de beaucoup. C'est donc pour venir au secours de votre mémoire que je vous demande *la liberté grande*, de copier littéralement un petit écrit de votre main, que j'ai en porte-feuille, et dont voici la teneur:

J'ai reçu de M. Fauche Borel, la somme de cinq cents livres sterling pour frais du voyage que je vais entreprendre.

Londres, ce 28 avril 1807.

Signé, le général DANICAN.

Adieu, général; s'il vous plaît de me rétablir cet argent, je suis homme à le recevoir.

A propos d'argent, mon officier, c'est le 11 décembre 1814, que vous avez, de votre pleine puissance, octroyé à Perlet votre féal, un brevet d'honneur, et que dans ce brevet vous m'avez, moi, si largement enrichi des surnoms de *bête*, de *fourbe*, de *cupide*, de *maladroit* et d'homme *double*. Or, c'est onze jours après une pareille gentillesse, c'est-à dire le 22 du même mois;

c'est onze jours seulement après avoir mis entre les mains de mon adversaire une arme si affilée, que vous êtes venu chez moi, à Paris, me supplier, en me prodiguant le nom d'ami, de faire donner dix louis à votre femme qui était à Londres dans le besoin. Ces dix louis, je les lui ai fait compter par l'intermédiaire de M. le chevalier Flint ; ces dix louis, vous êtes encore à me les rendre. M. Danican, je veux bien être une *bête*, puisque vous le dites, et que vous devez vous y connaître, mais, Perlet aussi, m'a appris à me connaître en *homme double*, et je vous proclame tel.

Puisque nous en sommes sur les pièces intéressantes rapportées par Perlet, à l'appui de sa candeur et des services éminents par lui rendus à la famille royale, qu'il nous soit permis de faire quelques réflexions sur l'article inséré dans la feuille de son Journal du 16 juin 1795, article qu'il soutient avoir publié au péril de sa tête ; article qu'il dit avoir sauvé la fille de Louis XVI.

D'abord, dans son Mémoire du 27 juin 1814, Perlet avance que cet article est de lui ; il en impose : le rédacteur en est connu, c'est M. de Lagarde ; ce qui prouve qu'il était incapable de le composer, c'est que cet article est purement écrit, et que Perlet ne sait, ni le français, ni l'orthographe : on peut s'en convaincre en voyant chez M. Damaison, notaire, rue Basse-porte-S.-Denis, les pièces que j'ai citées dans ce Mémoire, et dont j'ai cru devoir faire le dépôt pour ma sûreté et la plus grande édification du public.

Perlet, en qualité de propriétaire d'un journal, n'a donc été que l'imprimeur de cet article, mais en l'imprimant ne risquait-il pas sa tête, comme il le dit ? Non, le règne de la terreur était passé, et il courait si peu de risques que cet article était de *commande*. En effet, à cette époque la France était tellement revenue de sa stupeur, l'esprit public avait pris une telle direction, que quand les meneurs de la Convention l'eussent voulu, il n'eût pas été sûr pour eux de tenter encore de verser le sang des Bourbons. Les comités de gouvernement étaient dans l'intention de faire sortir de France ce qui y restait de la famille royale. Quatre députés, un ministre et deux ambassadeurs de la république étaient détenus en Autriche. Les comités prirent la résolution d'offrir en échange la fille de Louis XVI. Cette mesure était d'un haut intérêt. Il était rare qu'on en prît de cette importance sans y avoir d'abord préparé les esprits quelques jours à l'avance. Pour arriver à ce but, les journaux étaient la seule voie qui fût ouverte, et l'on fit choix de celui de Perlet, comme étant un des plus répandus. Dans cette affaire, Perlet, qui crie si haut et s'en attribue toute la gloire, n'a donc été que la mouche du coche !

Celui qui a sauvé la vie à la fille de Louis XVI reste sans pain. (Page 52 de l'Imprimé.) Ce n'est pas, de ma part, faute de t'en avoir jeté, du pain, et beaucoup; mais s'il était vrai que tu eusses contribué pour quelque chose à la liberté de cette auguste prisonnière, menteur, ces Mémoires n'eussent pas vu le jour, je te pardonnerais tous tes crimes.

Ses crimes? qu'ai-je besoin de les produire au grand jour? N'a-t-il pas, dans son Imprimé, la touchante ingénuité de nous les révéler lui-même? Après qu'il y a protesté d'un dévouement aussi pur que constant à la cause sacrée de la monarchie, soudain un scrupule vient alarmer sa conscience; il la scrute, la fouille, et, dans un de ses replis, découvre tout à coup deux torts irrémissibles envers le Roi. Voilà mon tartufe à genoux, le dos arqué, les mains jointes, et disant sa coulpe avec componction : écoutons.

« Si cet écrit parvient au Roi, je lui demande humblement
» pardon de deux *énormes fautes* dans lesquelles j'ai été entraîné
» par l'ascendant de l'intrigant Fauche Borel. »

Or quelles sont ces fautes énormes?

La première est d'avoir eu la pensée, lors de son voyage en Angleterre, de correspondre à l'avenir, dans l'intérêt de Louis XVIII, avec le brave général **Danican**, et d'avoir ensuite abandonné cette heureuse idée pour continuer de correspondre avec moi.

Quelle faute, juste ciel! mais aussi quelle douleur est la sienne! le pauvre homme!

> Non, vous ne croiriez point jusqu'où monte son zèle.
> Il s'impute à péché la moindre bagatelle;
> Un rien presque suffit pour le scandaliser,
> Jusque-là qu'il se vint l'autre jour accuser
> D'avoir pris une puce en faisant sa prière,
> Et de l'avoir tuée avec trop de colère.
> — Parbleu vous êtes fou, mon frère, que je croi;
> Avec de tels discours vous moquez-vous de moi?

Eh! oui, messieurs, c'est là le mot : Perlet se moque de nous; mais qu'y faire? la presse est libre, comme vous voyez, et il faut qu'à notre dam nous écoutions jusqu'au bout la révélation de ses énormissimes fautes. Et d'une, passons à la seconde.

« La seconde faute, bien plus grave encore, ajoute Perlet, et
» que le Roi ne me pardonnera sans doute pas, est d'avoir rendu
» à M. le comte d'Avaray cinquante guinées qu'il m'avait fait re-
» mettre pour les frais de mon voyage à Londres, et d'en avoir
» accepté cent cinquante que m'offrit Fauche Borel. »

> L'entendez-vous, le scélérat!
> S'accuser d'une peccadille,
> Pour mieux voiler un attentat?

Cette confession, toute bénigne, une fois parachevée, le douce-reux Perlet ajoute, mais en passant, mais sans avoir l'air d'y atta-cher la moindre importance, que si, dans l'affaire de Vitel, *on lui fait écrire* quelques lettres, ces lettres *sont controuvées*. Cela dit, Perlet en reste là.

En rester là, M. Perlet, sur un fait de cette gravité! ah! c'est, à mon égard, pousser trop loin la charité chrétienne. Gardez votre absolution, je n'en veux point. De deux choses l'une : ou toutes les lettres que j'ai citées, comme venant de vous , sont de votre écriture, ou elles sont fabriquées. Si elles sont de votre main, comme je l'affirme, vous êtes un insigne brigand ; si elles sont fabriquées à mon instigation, je suis un insigne faussaire : dans ce cas, l'un de nous deux doit monter sur l'échafaud ; en attendant que vous m'y placiez , je vous y laisse.

Les trames de Perlet étant connues, sa victime n'existant plus, je ne sens que trop que ce qui me reste à dire sera dénué d'intérêt. Je demande cependant qu'il me soit permis de parler encore de moi. J'écris pour ma justification, j'écris pour reconquérir l'estime du Roi : dès lors il ne me suffit pas d'avoir démasqué un monstre ; son infamie n'est pas une preuve de mon innocence : un scélérat, si scélérat qu'il soit, peut, sans pouvoir se laver du crime dont on le charge, accuser un tiers avec fondement, et c'est alors à ce tiers à se défendre. Prenons garde surtout que les inculpations écrites et répandues avec profusion par Perlet, ont suggéré à M. de Blacas ses préventions contre moi, et sont cause de l'affront et des mauvais traitements que j'ai reçus de ce ministre, que dès-lors je dois effacer jusqu'à la trace de ces perfides insinuations (1).

De quoi Perlet m'accuse-t-il ? Voici le résumé de tous ses Mémoires ; je me servirai de ses propres expressions :

Fauche Borel, intrigant bien connu, servant tous les partis, vendu au ministère anglais, en envoyant son neveu à Paris, l'a chargé d'une lettre mystérieuse pour Fouché : donc il correspondait avec le ministre de la police de France ; voilà qui est

____

(1) Que de choses il me reste à dire ! combien j'en passe sous silence ! mais ne voulant fixer l'attention que sur un point capital , j'ai cru devoir, pour le moment, élaguer des accessoires dont je m'empresserai de tirer parti si mes ennemis me forcent à reprendre la plume.

prouvé jusqu'à l'évidence. (Mémoire de Perlet à **M. Doutremont,** en date du 10 janvier 1815.)

L'époque la plus malheureuse de ma vie est ma liaison avec l'intrigant Fauche Borel, qui servait Bonaparte en faisant passer régulièrement des notes à Fouché, à Desmarets, à Savary.

M'étant convaincu de ce fait, après le retour du Roi en France, je me hâtai de rompre avec lui; voyant que j'étais informé de sa duplicité, et que j'en avais parlé, il lui importe de m'écarter à quelque prix que ce soit, et voilà pourquoi il me poursuit; car je pense bien qu'on est revenu, et lui tout le premier, de l'absurde accusation de croire que j'ai coopéré en rien au meurtre de son neveu. (Mémoire de Perlet à **M.** le grand chancelier de France, en date du 18 janvier 1815.)

Je ne connais rien à l'intrigue, j'ai servi le Roi d'affection; mon zèle a toujours été aussi pur que désintéressé; je n'ai pas passé un seul jour sans donner au Roi des preuves de mon dévouement, je ne me suis jamais plaint, je ne possède pas un écu, j'attends tout de la justice du Roi; il est impossible qu'il laisse dans la misère un sujet fidèle, qui a tout sacrifié pour le servir.

Fauche est un infâme qui sert tous les partis pour augmenter sa fortune.

Et, partant de là pour donner mon bilan, Perlet fait une longue énumération de mon établissement à Neuchâtel, de ma superbe maison de Berlin, de mon hôtel meublé à Londres, de la pension de 300 livres sterling que me fait le gouvernement anglais, des sommes exorbitantes que j'ai placées dans la banque de Londres, et d'une obligation de plus de 300,000 francs qui a été souscrite à mon profit par Louis XVIII.

Et sur-le champ il rapporte pour preuve de ma rapacité : *qu'en juillet 1813, je lui adressai M. Gilles, mon ami, négociant à Paris, qui, revenant de Londres, fut le trouver, et lui dit qu'il*

était intime avec moi; qu'il était chargé de lui parler confiden-
tiellement de ma part; que c'était une folie que de se sacrifier
pour la cause des Bourbons, qu'ils ne régneraient jamais en
France; qu'il fallait que lui, Perlet et moi, nous nous entendis-
sions pour tromper Louis XVIII et le gouvernement ang'ais,
afin d'en tirer de fortes sommes, que nous partagerions ensuite.
(Mémoire de Perlet, en date du 11 décembre 1814.)

A la page antécédente, dans votre Mémoire au chancelier, vous avez signé, que vous ne vous étiez aperçu de ma duplicité envers le Roi, qu'après la première entrée de S. M. à Paris. Cette entrée n'eut lieu qu'en 1814, et voilà que vous dites ici que, dès le mois de juillet 1813, je vous ai envoyé M. Gilles pour fourber Louis XVIII et le gouvernement anglais : donc vous étiez informé de ma fourbe avant l'entrée du Roi, donc vous êtes un menteur.

Vous êtes encore un menteur, lorsque vous dites, pages 11e. et suivantes de votre Imprimé, que mon frère et moi ayant lié connaissance avec vous pour la cause du Roi, dans le courant de l'année 1806, c'est nous qui, malgré votre extrême répugnance, nous déterminâmes, par nos instances réitérées, à renouer avec ce monstre de Veyrat, que vous aviez chassé de chez vous avec éclat avant la célèbre journée du 18 fructidor, et que vous n'aviez pas voulu revoir depuis. Vous mentez, dis-je, et c'est vous qui prenez soin de dévoiler votre mensonge; car, comme vous le dites très bien dans votre brochure, ce n'est que dans le courant de 1806 que je fis votre connaissance, et, dès le 19 février 1805, vous aviez, comme on l'a vu plus haut, écrit de la sorte à Veyrat : «Trahi, aban-
» donné par toutes les personnes qui ont reçu de moi des bienfaits,
» je cherche à renouer avec un ancien ami que je n'ai pu oublier;
» je me hâte de lui demander un rendez vous chez lui ».

Dès le 8 août 1805, vous aviez écrit à Veyrat : « Mon ami, le
» jour où tu m'as rendu ton amitié, où je me suis rapproché de
» toi, a été un jour de bonheur pour moi, etc..... » Ce n'est donc pas moi qui vous ai déterminé à renouer avec Veyrat, puisque la

chose était faite depuis dix-huit mois. C'est donc encore un mensonge à joindre à tous les autres; mensonge d'autant plus grand, que jamais je n'avais connu Veyrat avant le jour où je fus le trouver hôtel de Hollande, rue des Bons-Enfants.

En preuve irréfragable que je trahissais Louis XVIII, pour servir la cause de Bonaparte, et que j'entretenais une correspondance criminelle avec son ministre, vous citez la lettre dont mon neveu était chargé pour Fouché. Mais, avant que de me pousser cet argument, comment n'avez-vous pas réfléchi que si mon neveu fût venu en France pour trahir le Roi et servir Bonaparte, mon neveu n'eût pas été fusillé? Voyez, Perlet! que le crime est bête!

Mais qu'est-ce donc, me dira-t-on, que cette lettre mystérieuse à Fouché? qu'est-donc aussi que ce M. Gilles, que vous faites tomber des nues sur la scène pour n'y figurer qu'au dénoûment?

Quoique M. Gilles soit mort, Messieurs, j'ose affirmer qu'il n'a pas tenu le discours que Perlet lui met à la bouche; mais vous connaissez la véracité de ce dernier, et moi, je connaissais l'honnêteté de M. Gilles, dont je ne puis mieux vous faire l'éloge qu'en attestant qu'il avait juste autant de probité qu'il en manque à M. Perlet.

Or, M. Gilles, ainsi que le dit M. Perlet, qui va jusqu'à indiquer son adresse quand on ne peut plus s'en servir, était un négociant de Paris, demeurant rue du Faubourg-Poissonnière, n°. 22. Ses opérations de commerce l'attiraient fréquemment en Angleterre. C'était un royaliste de vieille date; nous nous voyions à Londres; il y fréquentait les personnages marquants attachés à la cause des Bourbons. Arrivé en Angleterre, sur la fin de 1813, il fut invité à donner au Roi, *un tableau de l'esprit public, et de la situation intérieure de la France à cette époque*; il s'en acquitta si bien que M. le duc d'Havré, dans la lettre qu'il m'écrivit le 2 février 1814, m'en parle de la sorte : « Sa Majesté a été très satis-» faite du compte rendu, par votre ami, de la situation de la » France et de Paris; il s'est trouvé conforme à divers tableaux

» qui lui avaient été présentés. Elle a été fàchée du silence de
» *Bourlac*, (nom de guerre de Perlet, dans sa correspondance
» avec l'Angleterre), qui lui paraît d'autant plus singulier, qu'il
» *avait annoncé des choses, qu'il est extraordinaire qu'il ne jus-*
» *tifie pas.* D'après les rapports de M. Gilles, il est aisé de con-
» clure que l'on a bien dans l'intérieur les éléments d'un parti
» dans les gens bien pensants, et dans les mécontents, *mais* rien
» d'organisé; point de cadres prêts à remplir comme l'avait pro-
» mis Bourlac, etc., etc. »

On voit de reste, que M. Gilles n'était pas homme à trahir le
Roi. Et je dois rendre cet hommage à sa mémoire, que ce fut lui,
particulièrement, qui me fit tenir, à Guernesey, les renseignements les plus positifs sur les dangers que courait M. le duc de
Berry, s'il tentait une descente en Normandie.

Quant à la fameuse lettre écrite par moi à Fouché, en voici
l'historique.

Perlet, par sa correspondance, nous avait certifié que la police du préfet était dévouée à la cause du Roi; il n'avait pas affirmé qu'on pouvait compter aussi sur celle de Fouché, mais il
donnait fréquemment à entendre que ce ministre inclinait pour
les Bourbons. Dans cette supposition, quand Vitel partit de Londres, le ministre anglais et moi arrêtâmes que j'écrirais à Fouché,
que mon neveu serait porteur de la lettre, et que, pour la tenir
mieux cachée, elle serait introduite dans une canne creusée à cet
effet. Les instructions verbales données à mon neveu portaient,
qu'au moyen de ce qu'on n'était pas certain de la bonne volonté
de Fouché, il reviendrait à Londres sans avoir vu ce ministre
s'il terminait sans encombre ses affaires avec Perlet et la police
du préfet, sur laquelle nous croyions pouvoir compter. Mais,
si malheureusement les agents de la police de Fouché lui mettaient
la main sur le collet, il devait tout tenter; il devait demander à
paraître devant Fouché, à être entendu de lui seul, lui confier

que le Roi et l'Angleterre comptaient sur lui, et lui présenter ma lettre.

Cette lettre, écrite sur une demi-feuille de papier, ne contenait autre chose que la demande de deux passe-ports en blanc, l'intention du ministre anglais, si Fouché nous secondait, étant, au moyen de ces passe-ports, de lui adresser de Londres des personnes de confiance, qui viendraient traiter directement avec lui. La canne fut saisie, la lettre aussi, qu'est-elle devenue? Je n'en sais rien, mais elle doit se trouver dans les cartons de la police, ou dans le dossier de la commission militaire présidée par le général d'Armagnac, commandant de Paris à cette époque, et qui condamna Vitel à mort.

Telle est la vérité dévoilée par Perlet lui-même, dans sa lettre à Veyrat, en date du 1er. mars 1807, que nous avons transcrite plus haut : on y lit ce passage que l'on a pu remarquer : « Si l'on pou-» vait assurer le ministre anglais que le ministre de la police » Fouché (c'est l'expression de Vitel) *entre dans l'affaire*, alors » il serait convaincu de sa réussite, et ferait les plus grands sacri-» fices en argent. Il me répète ce propos à chaque instant. *Le mi-» nistre anglais desirerait avoir deux passe-ports en blanc du* » *ministre de la police.* J'ai répondu à Vitel sur ces deux articles, » *que j'avais bien quelques espérances*, que notre comité étant » composé des gens les plus marquants, j'en référerais à eux, et » que je lui dirais ce qu'il faut espérer. » Perlet était donc instruit par mon neveu de ce que renfermait cette lettre mystérieuse dont il ne feint d'ignorer aujourd'hui le contenu que pour m'en faire un crime imaginaire.

— Voilà qui est à merveille, M. Fauche; mais permettez-nous encore deux observations :

La première vient de nous; la seconde nous est suggérée par Perlet.

N'étiez-vous pas imprimeur en Suisse, M. Fauche?

(89)

— Oui, Messieurs; je le suis encore, et à votre service.

— Eh bien! M. Fauche, quand on est imprimeur en Suisse, on reste en Suisse dans son imprimerie; on y reste à surveiller ses presses, sa femme et ses enfants, et l'on ne s'en va pas, comme un chevalier errant, jouter de compagnie avec tous les princes de l'Europe. Vous avez dit que Perlet avait été, dans certaine circonstance, la mouche du coche; il pourrait bien se faire que, quant à la restauration, on vous adressât le même reproche. Nous en sommes fâchés pour vous, M. Fauche; mais, vos exploits diplomatiques eussent-ils à eux seuls retabli la dynastie des Bourbons sur le trône de France, il est des gens pour qui vous sentiriez toujours votre intrigant d'une lieue.

— Et cela, Messieurs, parce que je suis libraire? mais si, comme moi, vous aviez été, quoique libraires, attirés dans le parti de Louis XVIII par les invitations et les caresses d'un grand prince (le prince de Condé *); si, comme moi, ayant l'honneur d'approcher Louis XVIII, vous en eussiez reçu cent preuves de confiance et de bonté; si, pour prix de votre dévouement, on eût à

(*) La confiance dont ce prince m'honorait venait de ce que, dès l'origine de la révolution, mes presses de Neufchâtel avaient été consacrées à la défense des Bourbons et de la royauté, et aussi de l'accueil que j'avais fait aux émigrés, et des services pécuniaires que je m'étais empressé de leur rendre. Si, parmi ces derniers, il s'en trouve plus d'un dont je n'ai pas à me louer, je dois dire que je n'ai eu qu'à m'applaudir des procédés du plus grand nombre. Comment oublierai-je, par exemple, que lors de mon emprisonnement au Temple, chaque jour au moment d'être fusillé, M. le comte Duboutet, aujourd'hui officier dans les gardes-du-corps, craignant que je ne manquasse du nécessaire, trouva le moyen de s'introduire lui-même jusque dans ma prison, pour me rendre deux cents louis, que j'avais été assez heureux de lui prêter dans son émigration en 1793; que M. Bossu, actuellement curé de St.-Eustache, m'y fit remettre une somme de 1350 l. qu'il restait me devoir, et qu'il fut vivement inquiété à ce sujet par le conseiller-d'état Réal, attaché à la police, qui le taxa de conspirateur, comme faisant passer des fonds aux ennemis de l'état?

12

vos yeux fait briller, comme aux miens, un avenir prospère, votre cœur, votre amour-propre et votre ambition n'eussent-ils pas été séduits, et pouvez-vous répondre que vous n'eussiez pas déserté la Suisse et l'imprimerie pour embrasser une chimère aussi douce qu'elle devait être glorieuse?

D'ailleurs, Messieurs, sans renier la Suisse où je suis né, sans vouloir me soustraire à la domination de Frédéric-Guillaume, mon souverain légitime, qui m'a sauvé la vie et deux fois tiré de l'esclavage, je ne suis pas tellement étranger à la France que son sort me doive être indifférent. Oui, Messieurs, je suis Français et noble d'origine, puisque noblesse il y a; mes ancêtres n'ont quitté la France que par suite de la révocation de l'Édit de Nantes. Forcés de s'expatrier, sans pouvoir rien emporter de leur fortune, ils ont travaillé pour vivre. Un de leurs enfants s'est fait imprimeur, et cet enfant n'en rougit pas. Si je me suis fait en outre *chevalier* pour servir la cause du Roi, c'est qu'il vaut encore mieux être chevalier errant, que chevalier d'industrie, comme j'en ai tant vu dans l'émigration.

Qui ne regrette son pays! Quoique citoyen de l'Helvétie, mes yeux se reportaient toujours vers la mère-patrie; et dans mon exil, sur une terre étrangère, je me berçais de l'espoir de redevenir Français : Louis XVIII m'en avait flatté du moins, et voici en quels termes Sa Majesté en écrivait en 1799 au marquis de la Maisonfort : « Si je n'écris pas à M. Fauche Borel dans cette oc-
» casion, c'est parce que j'ignore s'il est à Hambourg; mais les
» sentiments que je vous exprime à son égard ne sont point nou-
» veaux pour lui. Vous ne trouverez pas non plus étrange que ma
» sensibilité à son zèle soit encore plus vive qu'au vôtre; *il n'est*
» *Français que de cœur, vous l'êtes de naissance; mais que*
» *Dieu nous aide! il ne tiendra qu'à* Louis *de le devenir aussi.*»

Voilà, Messieurs, les causes, les motifs de mes intrigues, je vous livre l'intrigant.

— A la bonne heure', M. Fauche ; bonne ou mauvaise, vous avez toujours une réponse en poche : mais qu'allez-vous cette fois répondre à Perlet qui vous dit qu'il est dans la misère la plus profonde, malgré toutes les escroqueries que vous lui reprochez, et que vous, avec votre beau désintéressement, vous avez des hôtels en Angleterre, en Suisse et en Prusse, des pensions considérables, des fonds énormes à la banque de Londres, et un titre de cent mille écus sur le Roi de France?

— Ah! Messieurs, que vous me jouez-là d'un vilain tour, et que vous me prenez bien par mon endroit sensible ! Je ne sais pas si vous êtes comme moi, mais j'ai toujours eu la sotte vanité de croire qu'il valait mieux faire envie que pitié ; l'amour-propre y trouve son compte, et puis, si, comme votre serviteur, vous étiez dans le commerce, vous sauriez qu'il ne faut pas se faire pauvre aux yeux du monde ; tant de gens roulent sur un crédit imaginaire ! Comment donc faire pour me tirer d'embarras? Voyous, Messieurs, composons : je ne vous dirai pas ce que je possède ou ce que je ne possède pas, Dieu veuille seulement qu'en parlant de mes richesses, Perlet ait dit une fois la vérité! Mais si je ne vous donne pas le menu de ma fortune, je vais, en récompense, vous transmettre la note de ce que j'ai reçu depuis que je sers la cause du Roi : décemment, vous ne pouvez en exiger davantage.

« Je jure donc ici, à la face du Ciel, serment que je n'oserais
» pas faire en vain;

» En face du Roi de Prusse, mon légitime souverain, que je
» révère autant qu'il me protège, et que je ne voudrais pas af-
» fliger par un mensonge;

» En face de Louis XVIII, pour qui j'écris ces Mémoires qu'il
» ne lira jamais, si les amis que M. Perlet se vante d'avoir à la
» cour sont chargés de les lui procurer;

» En face du ministère britannique que je somme ici de me re-
» tirer son appui et ses bienfaits, si je pèche contre la vérité.

12..

» Je proteste, dis-je, et déclare que depuis plus de vingt-
» cinq ans que je me suis dévoué à la cause des Bourbons, je
» n'ai reçu du Roi et de son auguste famille autre chose que la
» promesse de me donner, quand il serait sur le trône de France,
» la direction de l'imprimerie royale et la décoration de Saint-
» Michel.

» Je proteste qu'au lieu de recevoir une obole de la part des
» Bourbons, j'ai dépensé pour eux au-delà de cent mille francs ;
» que pour eux je dois encore trois mille six cents livres sterling
» dans Londres. Un seul doute sur cette assertion, et je prends
» ici l'engagement formel de désigner à qui et pourquoi je les
» dois.

» Mon contact avec Perlet pour le prétendu comité royal, m'a
» seul coûté au-delà de trente-deux mille francs. Je puis le jus-
» tifier par les propres écrits de Perlet.

» Ce n'est pas moi, c'est le gouvernement anglais qui a fourni
» aux frais du voyage que mon infortuné neveu fit en France.

» Ce n'est pas moi non plus, c'est le gouvernement anglais
» qui a fourni aux frais de la promenade du général Danican.

» Chassé de mon pays pour la cause des Bourbons et proscrit
» avec plusieurs individus de ma famille, j'ai reçu, pour me
» substanter moi et les miens, de la munificence du gouverne-
» ment anglais, une pension annuelle de trois cents livres ster-
» ling, qui a commencé à courir à mon profit depuis l'année
» 1807 jusqu'à cette époque.

» J'ai reçu également de la générosité du ministère britan-
» nique, au sortir de ma captivité au Temple, une somme de
» quinze cents livres sterling, pour l'employer à l'acquit des dé-
» penses que j'avais faites et des dettes que j'avais contractées
» dans cette prison où l'amitié de M. Fornachon, banquier de
» Neufchâtel, n'avait cessé de me procurer des secours.

« Voilà tout ce que j'ai reçu de quelques puissances, prince,
» gouvernement ou administration que ce puisse être. Si par suite
» de ses bontés envers moi et envers mon neveu, Bonaparte ou
» sa police a glissé, à mon insu, quelques rouleaux d'or dans
» ma poche, il faut que Perlet ait été à côté de moi dans ce mo-
» ment, car je ne les y ai jamais trouvés. »

Telle est ma déclaration constante, invariable.

Caïn, qu'as-tu fait de ton frère ? demanda le TrèsHaut. *Vous
ne me l'aviez pas donné à garder*, répondit le meurtrier. Et toi,
Perlet, pourrais-tu dire qu'*Abel* ne fut pas commis à ta garde ?
L'œil hagard, les cheveux hérissés, les membres en convulsion ,
Caïn , à l'aspect de son crime , s'enfuit épouvanté; et toi , Perlet ,
tu t'es complu sur le champ de meurtre, et revêtu des dépouilles
encore sanglantes de ta victime ; tu as menti à Dieu, tu lui as dit:
Seigneur, ce n'est pas moi qui ai tué mon frère.

Fuis, meurtrier ! sois, comme Caïn, errant parmi les hommes ;
comme lui, ton front est à jamais marqué du sceau de la répro-
bation.

Me. LOMBARD DELANGRES, Avocat.

CONCLUSION.

Il n'appartient qu'à l'autorité de connaître de l'étendue de la
trahison et des crimes de Perlet envers le gouvernement actuel ,
lorsque Perlet était à la solde de la police de Bonaparte; mais
Perlet, dans quatre Mémoires en date des 27 juin et 11 décembre
1814 , 10 et 18 janvier 1815 , tous quatre entièrement écrits de sa
main et signés de lui, ainsi que dans un Imprimé daté du 22 février 1816 et également signé de lui , ayant fait circuler dans le
public contre moi des calomnies si monstrueuses qu'elles m'ont

fait perdre l'estime de Louis XVIII et peut-être attiré sur moi la
défaveur de mes concitoyens et la haine des Français ; mais Perlet,
par une escroquerie marquée au coin de la scélératesse, m'ayant
soutiré des sommes énormes sous le chimérique espoir d'arracher
à la prison et à la mort Charles-Samuel Vitel, mon neveu , qu'il
fit mettre en prison lui-même, et que lui-même conduisit à la mort;
j'userai de tous les moyens que la loi met en mon pouvoir pour
obtenir une réparation éclatante de sa diffamation et la restitution des sommes qu'il m'a extorquées. Déjà les tribunaux sont
saisis de l'affaire.

Louis FAUCHE BOREL.

N°. Ier.

RAPPORT AU ROI.

SIRE,

C'est une triste extrémité de ne pouvoir entretenir Votre Majesté de répétitions exercées sur la police, sans apporter un crime à l'appui de ces répétitions.

Mais tel a été le malheur de ces derniers temps, et tel est, en général, le sort de tout pouvoir usurpé, qu'il ne se maintient que par des moyens affreux, dont ce qu'on appelle alors la police est l'épouvantable régulateur.

Au mois de février 1807, après la sanglante affaire d'Eylau, on crut, en Europe, que le moment de la délivrance de la France était arrivé.

Lord Howich, alors ministre des affaires étrangères en Angleterre, envoya en France un jeune officier, au service de la compagnie des Indes anglaises, nommé Vitel, neveu des frères Fauche, dans le dessein d'y reconnaître l'etat des esprits, et de s'entendre avec le *comité royaliste de Paris sur le genre de secours dont il avait besoin, et que l'Angleterre offrait de fournir.*

Ce jeune officier, arrivé à Paris, avait été adressé à un sieur Perlet, imprimeur, ancien rédacteur d'un journal, qui, déporté en fructidor de l'an V, et rentré depuis en France, *semblait resté* sous les étendards secrets de la royauté, et avait même une correspondance directe avec les ministres de Votre Majesté.

Le sieur Perlet s'empare de la confiance exclusive, et, pour ainsi dire, de toute la personne de Vitel; et cela lui était d'autant plus facile que ce jeune homme avait reçu la recommandation de ne se confier qu'à une ou deux personnes, et d'agir, en tout, avec la circonspection si nécessaire.

Dès leur première entrevue, le sieur Perlet vend le malheureux jeune homme, et sa mission, et ses propositions, et ses discours, au préfet de police Dubois.

La correspondance de Perlet et de Vitel offre ce que la confiance a de plus touchant d'un côté, ce que la perfidie *a de plus scélérat de l'autre*, surtout lorsqu'on voit que le malheureux jeune homme ne faisait pas une démarche, ne disait pas un mot qui ne fût rapporté au préfet Dubois; enfin, lorsqu'on eut tiré de Vitel tout ce dont il était chargé, le préfet Dubois demanda sa personne à Perlet qui la livra.

En même temps, Perlet prévenait les frères Fauché du malheur arrivé à leur neveu, promettait son intervention, et leur demandait 600 louis, prix auquel on pouvait acheter sa liberté du préfet Dubois. Les frères Fauche envoyèrent cette somme; et, deux jours après que Perlet ou Dubois en furent nantis, l'infortuné Vitel fut fusillé.

Lors de son arrestation, on avait saisi sur lui un effet de 4,174 francs, sur MM. Hottinguer et compagnie. Cet effet fut touché par le préfet de police, qui en gratifia, savoir, le sieur Perlet de 3,600 francs, et un nommé Veyrat, inspecteur de police, de 574 francs (1).

Les sieurs Fauche Borel répètent les deux sommes.

Nulle preuve officielle n'existe du payement de 600 louis fait à Perlet, à Dubois, ou à tous deux à la fois. Cette somme n'a point été déposée à la caisse de la police; et quoique tout ce qui est honteux soit croyable de la part de ces deux hommes, les règles d'ordre et de comptabilité ne permettent point d'admettre ce chef de répétition. D'ailleurs, il pourrait personnellement atteindre Perlet et Dubois, mais jamais le Gouvernement, qui aurait trop à faire, s'il lui fallait réparer les turpitudes personnelles des agents de ces temps-là.

Quant au deuxième chef de répétition, le crédit dont le jeune Vitel a été trouvé saisi, sur MM. Hottinguer et compagnie, a été épuisé, le 10 mars 1807. Le montant en a été déposé à la caisse de la police. Je ne vois rien qui ait autorisé le préfet Dubois à en disposer; mais, dût-on ajouter l'abus qu'il se serait permis ici, à tant d'autres du même genre, la conduite de ce préfet ne peut pas nuire aux droits de M. Fauche, et on ne peut se dispenser de lui remettre la somme qu'il répète aujourd'hui, et qui lui appartient, soit

---

(1) Cette somme fut distribuée, par ordre du préfet, aux agents de police qui avaient concouru à l'arrestation de Vitel.

qu'on le considère comme propriétaire de cette somme , qu'il avait confiée à son neveu , soit qu'on le considère comme héritier de ce dernier.

Par ces considérations , j'ai l'honneur de proposer à Votre Majesté d'ordonner la restitution à M. Fauche Borel d'une somme de 4,174 francs, versée par MM. Hottinguer et compagnie à la caisse de la préfecture de police, le 10 mars 1807 , conformément à l'ordonnance du préfet de police, du 9 dudit mois, laquelle somme reposait chez ledit sieur Hottinguer et compagnie, au crédit de M. Charles-Samuel Vitel , fusillé à Paris , au mois de mars 1807 , pour ses efforts pour la cause du Roi.

Je suis , avec le plus profond respect ,

SIRE,

De Votre Majesté ,

Le très humble, très obéissant serviteur, et très fidèle sujet.

Nᵒ. II.

Lettre de Perlet à Veyrat.

30 Janvier 1807.

Mon ami ,

Me voici placé dans une circonstance telle que je la desirais depuis longtemps , et qui me permet de m'expliquer, avec ma franchise ordinaire , sur ma position actuelle avec le Gouvernement , relativement aux renseignements que je me suis procurés et que j'ai transmis avec la plus scrupuleuse exactitude. Je connais assez la politique, que j'ai étudiée pendant toute la révolution , pour savoir de quelle importance ont été les renseignements que j'ai donnés, et ceux que je puis procurer. Dans le temps que j'étais riche, le Gouvernement m'a fait offrir des sommes considérables et des honneurs, pour des choses bien moindres ; j'ai toujours refusé, parce que je n'avais rien à desirer, et que ce Gouvernement n'avait pas ma confiance.

J'ai été puni de mes refus réitérés, par la destruction entière de ma fortune, s'élevant à plus de 500,000 fr. effectifs ; par la perte de mon état, qui me rapportait 150,000 francs par année, et par la déportation.

13

Actuellement que le Gouvernement est changé, que je puis dire y avoir contribué, et que j'y suis attaché avec zèle, que je le sers de tout mon pouvoir, que j'ai droit à des indemnités, vu les pertes énormes que j'ai essuyées et à cause des services que je puis rendre, je ne puis obtenir qu'un modique traitement, à peine égal à celui des derniers subalternes de la police.

Lorsque M. Desmarets s'est donné la peine de venir chez moi, lorsque j'ai été chez lui, sur ses invitations, il ae u la bonté de me demander ce que je pouvais avoir besoin, et de me dire qu'il était chargé de se concerter avec moi, pour me faire accorder ce que je demanderais ; il a ajouté les choses les plus agréables, et m'a félicité sur la manière et sur l'intelligence que je mettais à cette correspondance, et qu'il était chargé de m'en faire des compliments. Je lui ai demandé, provisoirement, une misérable somme de 10,000 francs. Il me l'a promise, et m'a écrit ensuite que je pouvais compter dessus. Cette bagatelle m'aurait épargné bien des chagrins ; et, malgré cette promesse, on n'a pas jugé à propos de la remplir !

Lorsque j'entreprends quelque chose, je n'épargne rien pour réussir ; je puis prouver que j'ai bien plus dépensé que je n'ai reçu. Ce n'est pas sans des sacrifices que je suis parvenu à acquérir la confiance dont j'avais besoin, pour le but que je m'étais proposé : j'ai réussi. Je ne me suis point endormi ; j'ai de nouveau trouvé les moyens de renouer ma correspondance, de faire parvenir mes lettres à Londres, et d'en recevoir des réponses ; j'ai reçu, ce matin, de Londres, une lettre, à la vérité de la date du 21 novembre, mais elle remplit mon objet, en ce que je suis plus que jamais en crédit, non seulement auprès du Gouvernement anglais, mais encore auprès de celui de Russie. M. le comte Strogonoff, ami particulier de l'empereur Alexandre, et, l'un de ses ministres, à en moi toute la confiance dont j'ai besoin ; mais il est juste que, me livrant tout entier à une affaire de cette importance, pouvant la conduire à bien, il est juste, dis-je, que je vive, et que je ne sois pas constamment en peine pour me procurer mes besoins les plus urgents. Si on n'a pas besoin de mes services, alors je cesserai et trouverai un autre moyen pour exister. Si je n'avais pas des besoins, je ne parlerais pas ainsi ; j'ai donné des preuves de mon désintéressement et de mon zèle à servir le Gouvernement, mais je ne puis pas actuellement le faire *gratis*.

Que faut-il faire de la lettre que j'ai reçue, et de celles que je recevrai ?

Je sais que je puis m'adresser directement au Gouvernement, et que j'en ai les moyens; mais jamais je ne le ferai. J'ai des obligations particulières à M. le préfet : je sais que ce n'est pas sa faute si je n'ai pas été mieux récompensé, et je ne serai jamais ingrat.

Je suis aussi, mon ami, pénétré de tout ce que je te dois, et je veux me conduire d'après tes avis ; c'est dans ces sentiments que je t'écris cette lettre, en te priant d'y faire la plus sérieuse attention. Gallay me rapportera ta réponse; car tu sais que je ne puis sortir de jour.

Ton dévoué et affectionné ami,

Signé PERLET.

N°. III.

Projet de Réponse à la Lettre de Fauche Borel, de Londres, le 21 décembre 1808.

En marge de laquelle Veyrat a écrit, *que si M. le préfet approuvait son contenu, on l'enverrait de suite à Londres ;*

Et en marge de laquelle, et plus bas, M. le préfet a écrit : *On peut l'envoyer.*

24 février 1809.

Je reçois dans ce moment, mon excellent ami, votre lettre du 21 décembre, par laquelle vous vous plaignez de n'avoir aucune de nos nouvelles, depuis le 29 août : cependant, je vous ai écrit les 26 octobre, 6 et 12 novembre de l'année dernière; et je suis certain que mes lettres ont passé, ayant eu soin de les envoyer par duplicata. J'aime à croire qu'elles vous sont parvenues, depuis votredite lettre ; que vous aurez senti la justesse des observations renfermées dans celle du 6 novembre, relativement aux preuves matérielles que l'on demandait, et combien était absurde une pareille demande.

C'est à cette occasion que je puis dire, que M. d'Avaray n'entend rien aux grandes affaires : aussi, c'est par ses conseils pusillanimes que Fiettia (Louis XVIII) n'a pas fait les démarches pour faire mettre à notre disposition les fonds nécessaires, pour l'avancement de nos affaires. Je suis bien

13..

fâché qu'il soit malade ; je desire de tout mon cœur son rétablissement, mais ce n'est pas l'homme qu'il faut.

Quant à Puisaye, il est impossible que les ministres ne soient pas convaincus de sa profonde nullité ; je n'en dirai pas davantage.

Vous me donnez une nouvelle qui me comble de joie : c'est tout ce que vous me dites, relativement à votre puissant protecteur lord Moira. Je ne suis point surpris de la continuation de l'amitié de ce seigneur pour vous, parce que vous en êtes digne. Je suis bien sensible à l'intérêt qu'il daigne prendre à moi ; je sens combien sa haute protection est précieuse dans nos affaires : aussi je vois, avec bien de la joie, l'espérance que vous avez qu'il rentre promptement au ministère. Nul doute alors que vous ne repreniez votre ancien crédit, pour les affaires de Fiettra (Louis XVIII). Un pareil événement me redonnerait bien du courage, et avancerait sûrement les affaires de notre bon Fiettra (Louis XVIII).

Un événement, non moins important, c'est que mon puissant ami Cerioux (Veyrat), dont les sentiments sont toujours les mêmes, vient de profiter d'une bonne occasion, pour m'identifier, pour ainsi dire, avec lui. Une des places les plus importantes de ses bureaux s'est trouvée vacante ; il me l'a fait avoir, de sorte que nous travaillons ensemble, et que cette réunion ne peut que faire un bien incalculable pour nos affaires. Il est entièrement dévoué, et nous ne faisons qu'un. Mais il s'est bien expliqué ; il ne se mêlera de rien, avant que d'avoir vu, bien clairement, que l'on a fourni les moyens nécessaires d'agir, et que ces moyens sont à la disposition du comité. Faites sentir, mon ami, cette nécessité, et répondez-moi bien clairement sur cela.

Cerioux (Veyrat) est profond lui-même ; il est au fait de tout ce qu'il y a à faire pour la réussite des plans du comité, dont il a la plus entière confiance, parce qu'on est convaincu de son zèle, de sa capacité, de son dévouement, mais plus il est décidé à agir, plus il veut être en mesure, pour ne rien mettre au hasard. Aussi il est nécessaire, et le comité est de son avis, qu'il connaisse tous les plans et tout ce que les partisans de Fiettra (Louis XVIII), soit à Londres, soit ailleurs, ont envie de faire, afin de centraliser toutes les mesures et ne pas se contrarier. Vous connaissez Cerioux (Veyrat) ; il est ardent, et n'entreprend rien qu'il ne voie la possibilité de réussir. Personne n'est plus dévoué que lui, et personne ne peut frapper le grand coup avec plus de certitude de réussir. Profitons, mon ami, de toutes ces heureuses circonstances; ne tergiversons plus; le moment est venu : faites-nous mettre à même d'agir, et par vos instructions complètes et vos moyens, nous pouvons vous répondre du succès.

Faites part, à notre ami Fliut, de ma réunion avec notre ami Cerioux (Veyrat). Lorsque je lui ai parlé, à Londres, de ma liaison avec cet ami, il en a senti toute l'importance et me l'a témoigné; il n'apprendra pas, sans intérêt, les nouveaux liens qui m'unissent avec un ami si précieux, et combien il importe d'en profiter.

Allez aussi vous-même porter cette nouvelle à Fiettra (Louis XVIII), avec lequel je m'en suis entretenu, et qui m'a témoigné, à ce sujet, la plus grande satisfaction. Dites-lui que nous sommes, plus que jamais, disposés à lui prouver notre zèle.

Dites à Danican, que je suis sensible à son bon souvenir; que je l'aime de tout mon cœur, et que je ne l'ai pas oublié.

N°. IV.

Copie d'un rapport fait par M. Rivière, maître des requêtes délégué pour la police de sûreté de Paris.

DIRECTION GÉNÉRALE DE LA POLICE DU ROYAUME.

DÉPARTEMENT
DE LA SEINE.
———
1re. DIVISION.
1er. BUREAU.

Paris, le 10 novembre 1814.

Par une pétition, en date du 3 de ce mois, MM. de France, frères, réclament, au nom de M. Fauche Borel, et comme autorisés par lui, le remboursement d'une somme de 4,174 francs, versés par MM. Hottinguer et compagnie, à la caisse de la préfecture de police, le 10 mars 1807, conformément à une ordonnance du préfet de police, laquelle somme reposait *au crédit de M. Charles-Samuel Vitel, chez lesdits sieurs Hottinguer et compagnie.*

Son Excellence m'ayant fait renvoyer cette réclamation, je me suis fait représenter les pièces relatives au sieur Vitel, condamné comme espion par une commission militaire, dans le mois de mars 1807.

Une somme de 4,174 francs a effectivement été versée à la caisse de la préfecture de police, le 10 mars 1807, comme il est dit ci-dessus; mais elle n'y est pas restée déposée.

D'après une décision du ministre de la police générale, en date du 11 du même mois de mars 1807, elle a été remise, savoir:

3,600 f. au sieur Charles (Perlet), agent de police;

574   à l'inspecteur-général, pour être distribués par lui aux agents de police qui ont opéré.

____

4,174 fr.

Les quittances de ces deux sommes, signées Charles et Veyrat, existent à la caisse de la police de Paris, qui, en conséquence du payement qu'elle en a fait, n'a plus à sa disposition les fonds nécessaires.

Le maître des requêtes délégué pour la police
de sûreté de Paris.

Signé RIVIÈRE.